非人力资源经理的人力资源管理

全新修订版

周昌湘 著

图书在版编目（CIP）数据

非人力资源经理的人力资源管理 / 周昌湘著 . —修订本 . —北京 : 北京联合出版公司，2014. 8（2022.3 重印）
ISBN 978-7-5502-3001-9

Ⅰ. ①非… Ⅱ. ①周… Ⅲ. ①企业管理－人力资源管理 Ⅳ. ①F272.92

中国版本图书馆 CIP 数据核字（2014）第 093009 号

非人力资源经理的人力资源管理（全新修订版）
作　　者：周昌湘
出 品 人：赵红仕
选题策划：北京时代光华图书有限公司
责任编辑：李　征
特约编辑：卢倩倩
封面设计：新艺书文化

北京联合出版公司出版
（北京市西城区德外大街 83 号楼 9 层　　100088）
北京时代光华图书有限公司发行
北京雁林吉兆印刷有限公司印刷　　新华书店经销
字数 150 千字　　787 毫米 ×1092 毫米　　1/16　　14 印张
2014 年 8 月第 1 版　　2022 年 3 月第 7 次印刷
ISBN 978-7-5502-3001-9
定价：58.00 元

CONTENTS 目　录

第 3 章　部门经理的日常人力资源管理

CHAPTER

下篇　部门经理人力资源专业技能培育

第 4 章　如何做好人力运用

CHAPTER

第 5 章　高效率人力资源的运用

CHAPTER

第 10 章　如何做好绩效评估

CHAPTER

第 11 章　公平薪酬的建立

CHAPTER

第 12 章　留住或分离员工

CHAPTER

PREFACE 前　言

从2020年初起至今新冠肺炎疫情尚未退散，再加上全球经济低迷，产业发展停滞，对国内企业产生了巨大的影响。但是，“危机就是转机”，企业经营管理操作本来就是在不断接受挑战，因应市场需求。例如，在人力资源管理方面，加速数字化实践的进程、创造远距在家工作模式等新形态，带动了新一轮的人力资源管理变革。

如果你是人力资源管理人员，如何让其他部门愿意配合支持工作？下面是给你的建议。

首先，要了解企业的经营战略、年度计划、运营状况、核心产品、业务流程、发展趋势等事项，才能同其他非人力资源部门一起开展工作。其次，要记住站在对方的立场观点来看事情，他们需要的人力资源管理支持是什么？他们在人力资源管理方面需要解决的难题有哪些？人力资源管理的工具方法可以提供的有哪些？

总的来说，这本书要传递的信息就是让每位一线部门经理都成为人力资源管理高手。

一、企业管理的现状

1. 企业人力资源管理工作推进困难，一线部门经理成阻力

一线部门经理竟然会成为企业人力资源管理工作的阻力？可能，你会觉得这个问题十分荒谬。然而，真相到底是什么样的呢？在回答这个问题之前，我们先来看一个例子。

某天，总经理在工作会议中要人力资源部门加强对业务销售人员的培训，以便促进公司业绩的成长。于是，负责人力资源培训的经理立刻跑去跟销售部经理商量如何开展业务培训工作。没想到，销售部经理却说："实在是没时间呀！现在公司对业绩要求这么严，销售的同事整天忙着出差，拜访客户，接订单，现在要培训真是很不凑巧！这样吧，等忙过这一阵，我们销售部一定第一个请你来培训。"培训经理见状非常恼火，抱怨的话也不由得脱口而出："就是因为你们销售队伍专业素质差，业绩不佳，才更需要培训，希望你们能够配合！"本来只是想延迟培训时间的销售部经理闻听此言，也迅速燃起了怒火。就这样，双方你来我往，一场冲突不可避免地发生了。

冲突的结果显而易见：不仅培训没有搞成，而且造成了销售业务部门和人力资源部门之间的误解。

现在让我们回到开头提出的问题。为什么一线部门经理会成为企业人力资源管理工作的阻力呢？究其原因，主要有以下

两点：第一，一线部门经理认为人力资源二作没有业务工作重要，在整体公司运营中只是辅助性的或者说对经营业绩没有直接促进作用的一项工作；第二，在人力资源各项重要事务的推进中，一线部门经理很多时候都是处于被动、应付的状态。也正因为如此，很多企业一线业务部门的人力资源工作在体系、规范、进程方面都处在严重滞后的状态。

2. 一线业务部门与人力资源部门矛盾重重

目前，很多企业的一线业务部门和人力资源部门都在一定程度上存在着或大或小的矛盾。这种现象，我想大家也并不陌生。

每年年终，企业都要进行绩效考核。每当此时，人力资源部门会先将考核表、考核说明文件交给一线业务部门，由该部门领导组织部门内考核，并依照规定在一定时间内交回人力资源部门进行汇总整理，再依照规定计算考核分数。

对此，很多一线部门经理会认为自己是在帮人力资源部门完成工作，被要求要对自己部门的下属员工进行评分，很可能会得罪员工，变成员工眼中的“坏人”，因此心里很不舒服。当然，还有更“过分”的。有时候，经理们还被要求一定要将相当比例（比如3%）的人员，列入业绩“不及格”的行列。这样一来，一线部门经理就对考核工作更加厌恶。许多部门经理都会对本部门的员工这样讲：“这不是我的本意，这些都是人力资源部门让我这么做的。”

与此同时，业务部门的员工也会一起排斥绩效考核制度，认为这是公司在故意“找碴儿整人”。他们对绩效考核的公正性深表怀疑。也正因为如此，考核之后，就会出现大规模的“离职潮”。

面对业务部门的不配合与牢骚满腹，人力资源部门也觉得万分委屈：“真是冤枉啊！”明明一线部门经理对自己部门的员工最了解，年底做一次公正的绩效考核评估，就是部门领导应尽的工作职责，人力资源部门只是负责行政支持的单位，员工绩效分数如何，应该由部门经理全权负责才对！

由于认识上分歧过大，一线业务部门与人力资源部门之间出现了重重矛盾。双方都认为对方在推卸责任。更有甚者，业务部门的员工也将怨气发泄在人力资源部门头上。

由此可知，了解人力资源管理知识对于一线部门经理来说有多么重要。当一线部门经理不了解绩效管理的意义及考核技巧相关知识，而人力资源部门也没有落实制度沟通及专业培训工作时，绩效考核这件重要的管理工作就会成为大家眼中的“鸡肋”。遗憾的是，这类现象在我国的企业中非常普遍，真是令人可惜！

二、不良经营的后果

1. 部门绩效低

很多时候，一线部门经理在从普通员工转变为管理者时，并没有接受正规体系化的学习，特别是在长期“官本位”思维的影响下，习惯用权力来“压倒”下属员工。这样的做法在过去或许还可能会有些效果，但在现在就未必行得通。这是因为，各位部门经理现在所要面对的大部分员工是“90后”的年轻人，他们最反感的就是“权威服从”。这时，如果部门领导不能准确掌握人力资源管理的技巧，就很难在员工中建立起威信，部门绩效也会深受影响。

例如，企业每年都会为每个业务部门制定绩效目标，但是目标必须依赖部门每位员工的努力才能达成。下属员工如果没有得到一线部门经理的关心激励，工作任务遇到困难的时候，也找不到可以商量、提建议的人，甚至因为没有经过系统培训，专业能力不足，当然业绩不会有起色，即使订单到手，也可能会“飞”了。

所以，如果一线部门经理没能运用好人力资源管理技巧，部门将无法同心，绩效目标也将很难达成。

2. 找不到对的人

不少一线部门经理常会有这样的想法：寻找合适的员工就是人力资源部门的本职工作，自己只要等着接收就可以了。若是没有找到合适的人选，就是人力资源部门办事不力。其实，这种想法未免偏颇。如果没有合适的人选，硬要急就章的话，就可能会出现由于把关不严，让不合适的人进入企业“滥竽充数”的情况，到头来恐怕会“请神容易，送神难”！实际上，这还不是最坏的情况。要命的是，不合适的人选进入企业之后造成的后遗症更麻烦。

按照通常的标准，企业需要为员工提供工资福利、业务培训指导等诸多方面的便利条件，以便员工能创造出更好的业绩。结果，不合适的人选在享受公司平台提供的种种便利之后，却没有回报，还弄得部门乌烟瘴气，鸡犬不宁，损失惨重。这样的急就章就得不偿失了。另外，最新调研结果显示，目前国内企业一线部门经理“选对人”的概率几乎都在五成以下。

所以，一线部门经理学好正确的招聘技巧就显得十分重要。如果只凭借个人经验去选人，依靠的仅是外貌、学历等表面信息，不仅会使招聘工作缺乏科学性和系统性，还可能招到不合适的人选。如果让不对的人进来，不只没有发挥原先期待的能力，反而可能会带来员工彼此间的矛盾，浪费大量的人事成本。若是发生这样的事情，那真是太可惜了！

3. 人员流失

目前，国内的中小型企业的平均离职率超过25%。造成员工流失的因素很多，一线部门经理的人力资源管理不善也是其中重要的一环。例如，营销部门只重视业绩，生产部门只重视产量质量，但是对下属员工是否做过培训呢？是否做过职业生涯规划呢？员工遇到工作挫折时会不会鼓舞士气呢？如果都不知如何处理，那员工就觉得追随这个领导没有任何前途可言，还不如早点儿离开，另谋出路。于是，部门人员就开始流失。

所以，要判断一线部门经理是否称职，我们可以统计他所负责的部门一年的员工离职率，同时与其他部门、全公司的平均离职率进行比较，看看是否有异常。凡是高于平均值或市场数字的，代表有必要关注。否则，企业的年度计划、绩效目标虽然制定得煞有介事，没有员工来执行的话，一切都是枉然！

三、人力资源管理工作中可能出现的障碍

1. 与己无关，认为人力资源管理是人力资源部门的事情

非人力资源部门的一线部门经理，本来就担任着该部门的管理工作，认为从企业分工、职责划分来看，只要把自己的一亩三分地照顾好，不用管别人的闲事。人力资源管理是人力资源部门的事情，都跟自己无关。

此外，还有为数不少的部门经理认为：人的问题不好处理，涉及人情世故、方方面面的感情关系，十分复杂，没有把握，实在不好处理，不必蹚这趟浑水，最好没有我的事！况且公司只管我要业绩，也没说要做人力资源，所以这档子事，就交给人力资源部门去伤脑筋吧！

2. 无从下手，也缺乏有效方法

对很多一线部门经理来说，管好专业技术才是自己的本职工作，至于管人，不就是布置任务、安排人干活、要求认真完成吗？还有什么难的？不听指挥？那就让他吃点“苦头”。扣奖金，扣工资，看他怎么办？还不行？那就让他明天不要来上班了。

其实，人力资源管理工作真的没有想象中那么简单。俗语说，隔行如隔山。人力资源管理在很多企业中都没有得到应有的重视。随着第三次科技革命轰轰烈烈地展开，更多生产、业务背景出身的创业者投身商海，成为企业老板中的主流。在业务层面，他们中的很多人甚至可以称得上是无懈可击的“完人”，但是在人力资源管理方面，却是“小学生”，不仅没有受

过这方面完整的培训，而且本身也不理解人力资源工作的重要性。在他们看来，所谓人力资源管理不过就是招招人、搞搞社保、培训工作技巧而已。实际上，这种认知只是将人力资源管理工作停留在人事行政阶段。

既然老板不支持，自然一线部门经理也跟着照葫芦画瓢。当自己部门的人力资源管理问题已经一一浮现，比如招不到合适的人，候选人工资要求高，员工工作态度不认真，绩效业绩不达标，培训没有效果，很多部门经理不知道该怎么做，也不清楚到底要从哪里下手。还有人认为自己力量有限："工资福利也不是我说了算，业绩要求也不是我提的，我怎么知道如何管理一直不配合的员工？到底应该是先学面谈技巧，还是让人力资源部门帮我谈完，送人给我用就行了？还是到时候不满意就退回给人力资源部吧，这样比较省事！"在他们看来，人力资源管理工作真是千头万绪，简直没有下手之处。更要命的是，很多人往往只会说："去找人力资源部！没我的事！"

四、做好人力资源管理工作的现实意义

1. 一线部门经理能力提升

学术研究报告显示，人力资源管理技巧是优秀经理人的必备素质之一。如果能让每位一线部门经理透过观念的澄清，理解正确的做法，提升日常管理能力，其专业技术能力水平也会相应提高。

为了更好地说明这一问题，让我们一起来看一下中国管理

力量的代表：华为。众所周知，华为早在1998年就公布了公司的纲领性文件《华为基本法》。该文件构建了华为的一些系统思考和系统价值主张，也透露出华为对人力资本的追求大于物质资本的追求，甚至在某种意义上可以说是华为人力资源政策的胜利。最近这几年，很多研究该文件的学者认为，其实人才并非华为的核心竞争力，对人才的管理才是。

以培训为例。在华为，项目实践是干部最主要的培养方式。任正非认为，"其实每个岗位天天都在接受培训，培训无处不在、无时不有。"而针对华为的相关培训，公司有明确的要求——"关键是教会干部怎么具体做事。""要学以致用，不要学天桥把式，练是为干，而不是为了看。"因此，高研班、青训班和FLMP（一线管理者培训项目）的课程设计与课堂演练均从实战出发，教学内容与一线实践保持一致。所用案例来自项目一线，由华为负责培训的案例咨询人员专门采集编写而成，课程研讨环节也需要学员在参训前提前准备好来自自己以往实际工作中的案例。

2. 促进团队稳定

近年来，企业人力资源管理工作所面临的最棘手的事情就是人员流动大，留不住人才！其实，通过调查，我们不难发现：就算拥有薪水高、福利好等多方面优点的企业，也会有人要离职求去。为什么条件这么好的公司还有人要离开呢？笔者研究分析后发现：原来，问题的症结点不在公司，而是在管理者身上。这是因为，员工无法忍受一个不通人情事理、要求极度完美的怪经理，无法忍受一个老是负面批评、骂得别人狗血淋头的恶经理。因此，我们看到，按照企业内部门离职率排名，那些常常垫底的部门经理可能就是没有做好人力资源管理的人。

如今，首批“00后”也进入职场了。作为职场和社会的新生力量，除了有年轻人惯有的好奇，也有更加直白的吐槽。前段时间有个很火的词叫作“躺平”，就是这种直白吐槽的一个典型。大概的意思是说，由于工作和生活压力太大，年轻人纷纷放弃抵抗，放弃奋斗。当年轻人纷纷表示不想奋斗，只想躺平，这对企业人力资源管理强调的绩效、积极性、向心力、成就感等固有观念，产生了严重的冲击。所以，一线部门经理要掌握最新时代脉搏，从人力资源的关心、帮助计划切入，要与他们共同学习，共同去理解正在不断发展的世界，才能一起发力，为社会的进步做点事情。

当企业的制度在悄无声息地变化着，人员的流动率自然下降。作为管理者，若一味地认为自己是对的，无异于排斥年轻人，应该共司协商，在尊重中理解，在理解中调整不合理的地方，具备“懂人、带人”的能力，才能带出稳定优秀的团队。

3. 打造企业竞争力

现在整体经济环境严峻，市场竞争激烈，企业经营者对外部的挑战已经应接不暇，如果内部不能团结一心，发生内耗抵消现象，很难谈得上成功进步。一线部门经理本身就承担着部门工作职责赋予的任务，如业务经理要销售公司产品创造高业绩，生产车间主任要让产品的产量、质量达标符合客户需求，但是要完成这些任务，都要仰仗自身管理的下属员工的努力工作，并创造出高附加价值。

笔者曾经连续几年帮百度全国销售渠道大区经理做非人力资源管理方面的培训。当初，光是课前谌研就用去了近两周的时间。这主要是因为，此次培训除了要达到提升渠道经理带自己的团队的人力资源管理能力外，还要能同时帮各销售大区里的代理商公司做好人力资源管理工作。

其实，后者也是相当重要的，因为代理商的实力强大与否直接关系着百度公司能否在当地的竞争中长期占据优势。而渠道经理具备基本的人力资源管理能力，知道如何推进人力资源管理工作的方法和技巧，了解人力资源重要模块的意义，甚至扮演代理商人力资源总监的角色，这就是百度可以在中国各地建构强大销售竞争力的秘诀吧！

学习目的

通过对本书的学习，您将能够：

- 清楚地了解部门经理在公司人力资源管理战略中扮演的角色；
- 学习到重要的人力资源管理的技巧和方法；
- 知道如何运用内部或外部的资源强化自身的管理能力；
- 有效提升企业整体人力资源管理水平，达到“部门经理就是人力资源经理”的目标。

自我检测

对照下表中各项进行自我评价。自我评价的每一项都对应一定的分值。

项目	自我评价				
	5	4	3	2	1
你由普通员工晋升为部门经理时感到的压力	很大	较大	大	较小	小
你成为部门经理前对人力资源管理观念的了解	完整学习	懂得常用的基础知识	一般认知	模糊	完全没有
你成为部门经理后在人力资源管理方面得到的培训	很系统	较系统	系统	不系统	无
目前你所负责的部门的整体士气	高涨，效率高	较积极，能超额完成任务	按时上下班，能勉强完成任务	有迟到早退现象，人心涣散	拉帮结伙，互相拆台
你对招聘作业流程的了解	非常熟悉	较熟悉	熟悉	不很了解	不了解
你对本部门各职位薪资规定的了解	非常熟悉	较熟悉	熟悉	不很了解	不了解
你对本部门员工个人情况的了解	很了解，知道每个人的性格爱好	较了解，知道多数人的性格爱好	了解他们的基本性格	了解他们的基本情况	对有些员工的基本情况不了解

（续表）

项目	自我评价				
	5	4	3	2	1
你对本部门员工个人能力的了解	了如指掌	比较了解，但偶尔有用错人的情况	了解大概情况	对有些人不太了解	不能判断他们能力的高低
你对本部门人力状况的了解	非常明确各职位人力的余缺	比较了解，经常向有关部门反映	大体了解，偶尔向有关部门反映	工作无法进行时，才意识到人力问题	人力安排，上级说了算
你对员工所做的绩效评估	非常有效，大大提高了员工积极性	能反映真实情况，员工积极性有所提高	基本真实，但效果有限	不很真实，员工偶有怨言	流于形式，有不如无
总　计	________分				

假如每一项的得分都是 5 分或 4 分，就说明你在这方面做得很好；如果多数项得分低于 3 分，则说明你的人力资源管理能力亟待提高。如果总分在 40 分以上，说明你的人力资源管理能力已经很强了；如果不足 25 分，则需要继续努力。

根据这几年在企业培训的经验，一般企业测评的结果在 30~35 分这个区间居多。也就是说，只能说是及格水平而已，仍有努力的空间。

不过，这只是初步测试，通过学习本书，你必将大大提高自身的人力资源管理能力，使业绩得到飞速提升。不相信吗？进来看看吧。

PART

I 上篇

部门经理常有的人事难题

CHAPTER 1

新晋部门经理必须调整心态

- 由下属变经理——心态调整的必然性
- 心态转变的心结
- 学会人力资源管理优势多

由下属变经理——心态调整的必然性

任何人都不是天生的管理者，作为普通员工是不需要领导其他人的，这样就不会感受到太大的压力和风险。但是，作为部门经理，下属员工就会时常来找你，希望你能帮助他，希望能从你那里得到指导。这是因为，作为部门经理的你，已经成为公司里的关键人物。

经历了从普通员工到部门经理的角色转变，你将面对截然不同的工作，这也就要求自己的心态要随之转变。这是因为，你已经要从企业、部门整体利益出发来考虑、判断事情了（见图 1-1）。那这些又与人力资源管理有什么关系呢？

图 1-1 部门经理需要考虑的事情

下面，让我们用一个例子来说明。比如，有一天你忽然成了经理，身为经理的你该如何面对原来与自己平起平坐的同事，并去带好这个团队呢？处在这种情形下的你可能感觉事情千头万绪，连业务都还顾不过来，团队管理的事情想得也比较少。对此，我有两个建议提供给你。

首先，最好采用交叉晋升的方式，尽量不从自己原来所在的团队寻找助手。这是因为，如果从原来所在的团队选拔人才，即便是出于公心，也会带来一定程度的误解，另外也容易引起与现在所领导团队成员之间的矛盾。

其次，可以先对现有团队所承担的工作进行分析，然后从实际情况出发，按照工作流程顺序排列的考量标准，为团队成员妥善安排工作职务，并为业绩突出的员工创造历练机会。

众所周知，在合适的岗位安排合适的人选，会为企业创造更多的价值。而对于合适人选的选择就是人力资源管理工作的一部分。这也从侧面验证了一个结论，那就是不仅人力资源部门管人事，部门经理也要管人事。所以，作为一线部门经理，除了要精通本部门业务之外，还必须要学习很多人力资源管理的基本知识，提高自身的管理能力。

人力资源管理是人力资源部门的事，那么，人力资源部门在一家公司里到底起什么作用呢？

答案

其实，目前国内的企业对人力资源部门的功能还没有完全明确，有时候它的范围不太容易界定清楚。虽然人力资源部门可能会负责一些诸如招聘、工资福利以及考勤之类非常琐碎的工作，但其最主要的任务还是协助职能部门管好、用好人力资源，比如进行员工培训。

所以，企业的部门经理或主管都非常希望从人力资源部门得到协助，这就需要二者之间的沟通互动。本书的一个重要目的就在这里。

心态转变的心结

统计表明，大概有30%以上的企业没有系统地培训过新晋部门经理。所以，许多仍保持员工心态的部门经理散布在企业的各个角落，他们虽然想竭尽全力在新的岗位上创造出更大的价值，却常常因为不知道如何正确扮演自己的角色，而造成了扯公司后腿、制造内部损耗的情况的发生。

上述情况的存在就要求新晋部门经理要迅速打开心结（见图1-2），完成角色转变，尽快进入角色。为此，经理们需要注意以下几点。

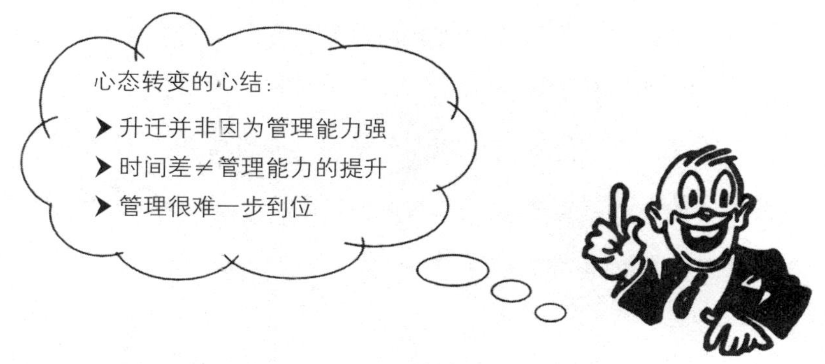

图1-2　心态转变需要解开的三大心结

1. 有时候，升迁并非因为管理能力强

员工升迁为经理的原因主要有两种：一是专业能力很好，领导赏识；二是工龄最长，资格最老，并非由于具备管理能力才提升的。不过，无论出于哪种原因，都很容易出现不具备管理素质而硬着头皮去做人力资源管理的情形。没有人会在一夜之间就获得恰到好处的管理能力，所以对即将升迁为部门经理的员工进行相关培训是非常重要的，也是非常必要的。

2. 时间差≠管理能力的提升

时间差就是工龄的增长。工龄的增长并不代表员工在公司里负责的工作内容有大的变动，很多员工在公司里干了三五年，其实所做的工作都是一样的。既然如此，其管理能力是否会不断提升就很难保证。

3. 管理很难一步到位

在前面两个前提之下，如果要让一位业务部门经理，也就是非人力资源管理经理，具备相当强的管理能力（我们认为其中最主要的是人力资源管理能力），就需要对其进行一定时间的专业培训。专业培训是部门经理实现管理能力飞越的关键。

在选购商品时，我们常常可以做到一步到位。就拿买智能型冰箱来说，你可以买最新最好的产品。但是，管理却是很难一步到位的，可能需要较长时间的学习与经验的积累。所以，要部门经理一下子

转变成人力资源经理其实不太容易。不过，只要人力资源观念能够深深地植入他的脑海，就会对他的管理能力及个人成长有很大的帮助。

某公司有一位营销业务员，很会做生意，深受客户的欢迎。同事们也对他的业务能力非常佩服。尽管他有一些缺点，比如喜欢独立作战，单枪匹马到各地去“侃订单”，比较喜欢自由，不愿意受约束，也不太喜欢诸如各种文件、制度之类的束缚等，但由于业务工作出色，所以公司董事会决定将这位超级业务员提升为营销部主任。

从此以后，这位超级业务员走上了中层领导岗位，行政工作也逐渐多了起来。以前，只需要做好自己负责的相关业务就好；但是现在，他必须花很多时间看下属交来的报表，必须带着下属拜访客户。由于没有适应角色的转变，加之管理能力没有相对地提高，所以新工作刚开始，这位超级业务员就觉得很厌烦。后来，渐渐地，他发现原来在客户群中游刃有余的自己竟然在平时与员工互动沟通时都会觉得比较困难，跟其他部门的协调整合也越来越乱……

这位超级业务员的业务水平虽然很好，但是作为部门经理，他并不适合。

这个例子告诉我们：所有的企业里都会有一些很优秀的员工，

但是优秀并不代表合适。也就是说，优秀的员工不一定能成为合格的经理。所以，在提升员工为经理时，首先要考虑他是否适合。如果确实不能胜任，就应该对他进行培训。也正因为如此，所以现在有很多企业实行“双职能位置”：一个是管理体系位置，另一个是专业体系位置。这样一来，就可以让企业的人才依照他的最核心的专长不断发展。

学会人力资源管理优势多

在很多非人力资源部门经理看来，企业部门就应该“术业有专攻”，人力资源工作跟业务部门没关系，所谓人力资源管理纯粹就是人力资源部门的事。所以，要说服非人力资源部门经理来学习人力资源，最好的方法是要帮他的部门创造价值、产生绩效。

要让部门经理知道，每年企业对部门都有年度工作计划与绩效目标的要求，而这些都必须通过自己带领的部门员工去努力完成。如果能够学习到正确的人力资源管理工作方法、技巧，自然能顺利完成工作任务目标。

另外，从企业日常运转情形来看，人力资源经理总是会有很多事情必须与非人力资源部门的经理进行沟通。因此，要做好非人力资源经理，了解人力资源管理工作也大有裨益。这些优势主要表现在以下几个方面。

1. 你将有能力招聘到非常好的员工

因为懂得一些招聘技巧、面谈技巧，你就会知道什么样的员工比较适合自己负责的部门，能把他顺利地招聘进来，还懂得怎样留住他，甚至懂得怎样带领新人进入角色等。带领一群好员工，可以让部门经理有更好的表现。

2. 你可以创造一个很好的工作氛围

因为懂得在布置工作任务时，如何依照岗位工作说明书，规范工作项目、绩效要求，并且运用薪资福利激励、培训、职业发展与员工进行良好的互动，所以会很容易赢得员工的信任与敬重，打造出一支有凝聚力的团队，使整个部门的士气得到提升。

这些工作都需要非人力资源部门的经理掌握许多人力资源的工作方法才能完成。所以作为非人力资源经理的你，平常除了自己的专业能力要提升之外，人力资源管理的一些基本技能也要经常学习，最好与人力资源部门加强交流。

通常情况下，在非人力资源经理进行培养的过程中，人力资源管理方面的培训是很有帮助的。

案例

同公司其他业务部门相比，研发部门员工的独立性较强。在研发的过程中，研发经理跟员工讨论的都是技术上的问题，是比较严肃的。所以，研发经理如果一直在强调技术上的东西，而没有想到怎样创造研发单位的工作氛围，提高员工的士气，那公司业绩的增长也将是有限的。

某公司研发部门经理就想到了这一点，希望能为公司创造更多的利润，研发出一些专利产品。因此，这位研发部门的经理就在奖金设计上做出了明确的规定：如果研发人员取得了一项国家专利发明，公司就用这位研发人员的名字来为公司的实验室命名，同时还可以从该产品的销售利润中提出一定比例作为奖励。这一措施使公司业绩获得了成倍的提高。

可以说，良好业绩实现的关键在于研发部门经理的精心设计，而这一设计之所以成功，则是因为经理成功地应用了人力资源管理中的薪酬设计、激励制度等因素。

自检

某工厂一位质量控制部门经理，因为工作很认真，质量不合格的产品总逃不过他的眼睛，所以平常人缘很差。你认为他应该怎样去学习人力资源管理的技巧和方法呢？

答案

他应该做好沟通工作，塑造好自己的整体形象。在工作上严格要求是非常必要的，只是发现产品出现质量问题的时候，不要让别人觉得是在挑毛病。比如，他可以写一张参考建议表提交给生产部门，让他们通过这张建议表来做适当的改善。

这中间同样需要非人力资源经理学习一些人力资源管理的方法和技巧。这样的学习也为他的将来大大开拓了发展空间。

过去在 IBM 公司，每当总经理空缺的时候，有时会考虑提升曾担任过人力资源经理的人做总经理。为什么呢？因为公司董事会认为，要胜任公司的总经理职务，如果没有做过人力资源经理，怎么能够掌控整个公司人力资源的运用呢？至于组织内各位员工的优点、缺点，或者发展潜力，只有担任过人力资源经理的人才能看得比较清楚，因为部门经理往往会忙于业务工作，而没有充分的机会展示他的管理才能和发展潜力。这也就告诉大家：从部门经理到人力资源经理将是你未来可以发展的空间。

本章小结

非人力资源管理者自身的心态调整是最重要的。虽然不是人力资源经理，但要带领一些人开展工作，完成企业规划的目标，所以必须对员工负责，要让员工喜欢这个团队，喜欢你这位经理给他的协助。因此，作为非人力资源管理者的你，要学习一些人力资源管理的知识。

所有非人力资源部门的员工都期望经理能够带领他们做一些事情，最好能取得一定的成绩。带人就是带“心”，如果能让员工得到学习和锻炼的机会，他们将会非常高兴。所以，非人力资源经理也要努力学习，帮助企业的员工提升学习成果，提高培训的效力。

经过心态的调适和整个外界形势的整合之后，非人力资源经理自身能力的提升就显现出来了。

CHAPTER 2

部门经理如何与人事部门配合

- 了解公司人事规章
- 遵守现行人事作业流程
- 明确人力资源部门的功能
- 了解公司对部门人力资源管理的要求
- 确定人力资源部门能给予的资源

了解公司人事规章

要了解公司的人事规章，其中很重要的一点是明确公司现行的相关管理办法。因为一家企业的人事管理规章一定要随着外界环境而做适当的改变和调整，所以非人力资源部门经理对人事管理规章的了解就显得尤为重要。只有将其熟记于心，才能够在人力资源管理过程中做到有章可循，工作起来才会游刃有余。可以说，了解人事规章是非人力资源部门经理的第一要务。

1. 新员工入职要让人力资源部门通知

招聘完毕，新员工入职是由人力资源部门来通知录取，还是由部门经理来通知（见图 2-1）？

管理陷阱：

一般情况是由部门经理确认了今天要录取哪个人，然后将资料传到人力资源部门，人力资源部门再通知新员工来报道。但是，有时候由于部门经理着急，就会立刻打电话通知新员工来上班。所以会出现新员工入职的时候，人力资源部门居然不知道的情况。

图 2-1　部门经理容易遭遇的人力资源管理陷阱

在公司整个人事招聘的流程中，到底哪些是人力资源部门要做的，哪些是部门经理要做的，这些都应该有明确的规定（见图 2-2）。

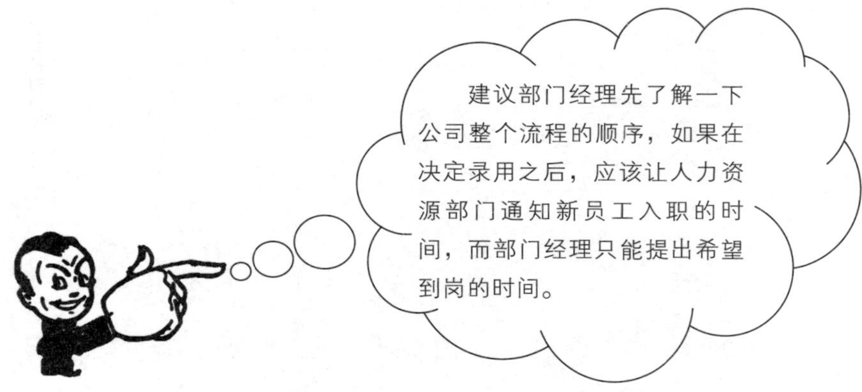

图 2-2　新员工入职时部门经理的正确做法

2. 遵守公司对个别职位的薪资范围的规定

公司员工的薪资报酬，不同的职位常常会有一个上下限。如果超过这个职位的薪资上限，就会造成公司内部的不公平，因此公司规定写得很清楚——薪资保密。但是，作为一个部门的经理，是有权知道部门员工的薪资状况的，无论人力资源经理有没有提供这方面的信息。

从以上两个例子来看，每一位非人力资源经理首先要明确公司现行的相关管理办法，要非常熟悉公司人事管理方面的相关流程。

遵守现行人事作业流程

作为非人力资源经理，在员工招聘、培训和确定薪酬的人事作业流程中，应该在哪一阶段出现，做哪些工作，应该做出什么样的决定，都应该严格遵循人事作业流程的顺序，做到清楚明白。

1. 绩效评估的一般流程

绩效评估时，首先由人力资源部门将评估表发给各个业务部门，然后由部门经理交给所有参加评估的员工。员工自我评估完成之后，将评估表交给经理进行部门评估。评估时，部门经理要和员工面谈，然后将评估的结果转到人力资源部门（见图 2-3）。

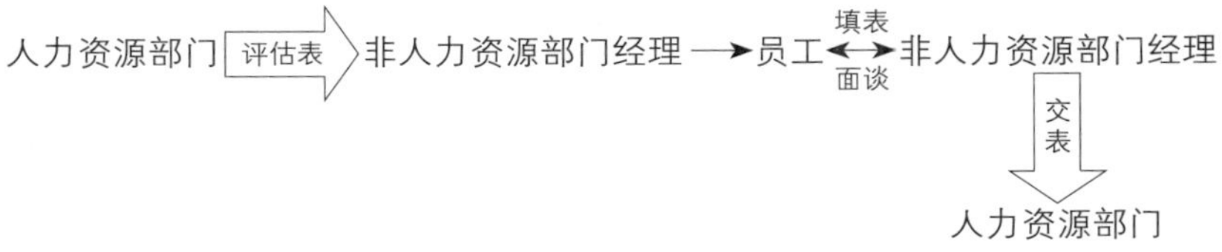

人力资源部门 →(评估表)→ 非人力资源部门经理 → 员工 ←(填表/面谈)→ 非人力资源部门经理 →(交表)→ 人力资源部门

图 2-3　绩效评估的一般流程

部门经理在跟人力资源部门的互动中，一定要了解公司的作业流程，对每一个环节都要很清楚，要确认无误。

2. 掌握各项作业所需的时间期限

所有的相关作业都有一个期限，部门经理要把握好这个期限，否则后面的流程就会受到影响。

还是以绩效评估为例。几乎所有的公司都是以各部门的评估为基础，因此部门评估时间长短会影响到整个评估流程。这就要求非人力资源经理在做绩效评估的时候，一定要确保评估能按时完成，一般绩效评估要求在一个月之内完成。如果是部门内部评估，应该在两周之内完成。期限的掌握是非常重要的。

3. 督促员工配合

作为非人力资源经理，要督促员工配合人事作业流程。员工也是人事作业流程中非常重要的一环。作为部门经理，你当然不希望任何人耽搁本部门的工作。拿绩效考评这件事来说，部门经理把评估表交给员工时就要提出要求，规定多长时间之内交回，如一周或者 50 分钟一定要把评估表交回来。可见，督促员工做好配合工作，也是非人力资源部门经理的责任。

当然，作业流程中可能还涉及与其他部门的配合，特别是人力资源部门，这就需要大家通力合作。

自检

作为部门经理或即将上任的部门经理，你对与自己相关的各个工作流程都清楚吗？填写表 2-1，它将使你以后的工作变得更顺利。在业务栏填写业务名称，如“绩效评估”“招聘员工”等。表 2-1 中“流程”“你的角色”“与人力资源部门的关系”三栏是重点，要尽可能详细填写。

表 2-1　明确自己的作业流程及角色

业务	流程	时限	你的角色	与人力资源部门的关系	与其他部门的关系

明确人力资源部门的功能

1. 确定人力资源管理部门

在明确人力资源部门的功能之前，首先要做的就是确定公司里有没有正式的专业的人力资源管理部门。在国内，一般规模在100人以下的企业很少有专门的人力资源部门。建议企业在满100人之后，考虑设立1名人力资源专员，然后在此基础上，每增加100人，人力资源专员就增加1名。当然，这只是基本构思。具体操作的时候，企业可以根据自身所属的产业类别、工作重点、人员素质等因素来决定是否调整。

其实，目前国内大部分企业在人力资源管理的操作上是很不完整的，只是有若干重点，没有全面的整合。没有正式的人力资源管理专业部门的公司，其功能可能是管理部门内设置人力资源科（即俗称的"人事科"）。有些中小企业是由财务部门或总务行政人员来兼职人力资源工作。

2. 人力资源部门的功能

招聘和培训是人力资源部门最常见的两项功能，也是国内人力资源部门专业实力最强的两个项目。其他像薪酬、绩效，以及福利等相对而言是需要强化的部分。总体来讲，人力资源部门的功能可以列举的大概有（见图 2-4）：

招聘任用
训练发展
绩效评估
薪资福利
劳资关系

图 2-4　人力资源部门的主要职能

企业的人力资源工作当然希望把这些功能都发挥出来，但是这些功能的重要性是不一样的。从实际经营经验来看，对于企业而言，最重要的还是招聘任用和训练发展。这并不是说绩效考评等其他功能不重要，而是说如果没有前面这几个重要的环节，绩效考评会非常难做。虽然也期待人力资源发展的前景越来越好，但是作为部门经理而言，工作的重点是怎样去配合实现上述功能，或者是清楚这些功能的概况及如何运用，而不必将人力资源相关知识学得太专业。

例如招聘任用，部门经理要了解的就是怎样去找到优秀的适合企业的人才，学习一些面谈的技巧，真正帮企业找到好人才，这就是配合运用。

再如培训，部门经理需要做什么呢？当然，不只是把培训的需求提供给人力资源部门就行了。部门经理可以根据本部门的实际需要在部门内部建立自己的培训体系。此外，再加上之前部门专业知识的积累，就可以建立起关于业务技术的知识库。如此一来，部门员工对于业务技能的学习就会更加完整。这是部门经理可以做到的。

至于薪酬，作为一位非人力资源部门的经理，也无须花费太多时间。你可以做的是，代表公司看看行业内的薪酬市场状况如何，然后将相关信息汇总带回，请人力资源部门帮忙解决。人力资源部门得到信息之后，也会将其作为薪酬制定的参考，并根据本企业实际情况再做适当的调整。

另外，劳资关系的稳定与否和部门经理的日常维护密切相关。众所周知，只有良好的职场氛围，才能留住优秀的人才。所以，这也对部门经理的管理工作提出了更高的要求。不过，要做到这一点也并不难，只需要和人力资源部门紧密配合。

目前，国家先后数次对与员工权益直接相关的劳动法进行补充和修订。对此，人力资源部门一方面需要根据最新的劳动法令修改本公司的人事规章办法，另一方面也要将最新规范告知部门经理，并就相关疑问进行解说。而作为部门经理，则需要将这些规范牢记，并以此来维护员工基本权益，创造良好的职场氛围与和谐的工作环境。

由此可见，上述工作如想顺利完成，就需要部门经理在操作的过程中与人力资源部门紧密配合。非人力资源部门与人力资源部门之间的配合越密切，企业里的一些相关问题就越容易解决，企业管理的水平提升得也就越快。

了解公司对部门人力资源管理的要求

1. 管理好公司的资产——员工

公司对部门经理在人力资源管理方面的要求是什么？

对公司来讲，人就是财富，员工就是资产，所以部门经理扮演的角色是看管好这份资产。这份资产从部门经理选进来，到训练他成长，运用他，给他升职或将他辞退，即选、训、育、用、留、退的全过程都与部门经理紧密相关。可以这样讲，资产就在那里，如果不能为他提供肥沃的土壤，让他有机会发芽长大，就可能荒废枯萎了。所以，这份资产既然交给了你，你就应该好好地保护他，好好地培育他，这些工作就是人力资源管理的二作。工作做好了，他会不断地增值，就如房地产，在好的经济环境里，它就会不断增值。

那么，对于公司的资产——员工来讲，谁来培育这样的环境呢？那就是公司的资产管理者——部门经理。部门经理如果能让员工这一资产实现增值，也就达到了公司对这个部门人力资源管理的要求。

2. 尊重人力资源专业性的规章

公司还希望部门经理尊重人力资源管理部门专业性的规章制度，两者之间不要产生冲突。常有这样的现象，例如公司规定请假要提前申请，可是部门经理觉得工作太多了，就拒绝批准或者禁止员工请假。这就破坏了公司的请假制度，甚至会造成人才流失。所以，部门经理应该尊重人力资源管理专业性的规章制度。如果人力资源管理做得好，你的部门乃至整个公司就会是一个融洽的、合作愉快的、士气高昂的团队。

确定人力资源部门能给予的资源

1. 人力资源管理专业的情形

前面介绍了许多要与人力资源部门配合的理由，那么人力资源部门又能给予部门经理哪些资源呢？他们能给予你什么帮助呢？

要确定人力资源部门能给予的资源，首先必须了解人力资源管理专业的情形。一般的人力资源管理不仅仅是一些行政事务，更重要的是人力资源的规划以及一些相关制度的制定和执行。这些都是很专业的知识，无法在较短的篇幅内讲清楚，但这方面的专业书籍非常多，可以参阅。

我们也可以看看国内知名企业阿里巴巴招聘区域资深人事专员岗位，他们称之为业务伙伴的“小政委”的案例，岗位描述如下：

第一，对区域人员提供全方位的人力资源服务，对业务部门的人员问题提供解决方案；

第二，分析业务部门的人力资源数据，发现问题并提出解决办法；

第三，协助业务部门进行团队规划，参与制订和执行人员成长计划和人才梯队建设；

第四，配合业务部门通过培训、绩效、激励等机制达成组织及人员的绩效目标；

第五，推动"六脉神剑"价值观[①]的传承和团队的文化建设，增强员工的归属感和团队的凝聚力；

第六，理解和沟通组织中的变化，积极影响和推动团队升级。

作为"政委"的定位是能够从战略的高度、组织和个人多重角度，构建组织能力、协助个人成长、推动组织文化发展的资深人员。"政委"既是区域的人力资源策略规划者、计划者，也是事务性人力资源工作的执行者。

图 2-5 是三位部门经理对人力资源部门的一些期望，请你看后回答问题。

---

① 编者注：阿里巴巴的"六脉神剑"价值观包括客户第一，员工第二，股东第三；因为信任，所以简单；唯一不变的是变化；今天最好的表现是明天最低的要求；此时此刻，非我莫属；认真生活，快乐工作。

图 2-5　部门经理对于人力资源部门的部分期望

对他们的这些想法，你的看法是什么？

答案

老实说，国内企业人力资源管理的专业水平还参差不齐，亟待发展。国内人力资源管理起步时间不算长，缺乏多年专业的积累。虽然现在好多了，但确实有些公司根本没有人力资源专业人员，真正有的只是一位行政助理人员，无法期待有更大的帮助。至于辞退员工这件事，人力资源部门可以扮演咨询的角色来帮助你，例如提供对该员工过去的考核结果及其表现的一些记录，以资佐证，但最终还要由部门经理亲自和员工讲清楚辞退的理由。

2. 部门经理与人力资源部门的整合

目前，国内许多企业人力资源管理的专业水平仍有发展空间，人力资源管理工作起步时间不长，还没有多年积累的专业经验，企业内缺乏人力资源专业人员，甚至只有一位行政助理，无法期待有多大的帮助。这个问题怎么解决呢？一个常见的办法就是把人力资源的管理课程纳入到企业部门经理的培训中。这样就可以使企业的非人力资源部门提高人力资源管理能力，以弥补人力资源管理专业水平不高的现状。

一般说来，部门经理与人力资源部门的整合大概有以下几类。

第一，定期的会议交流。

许多企业常常会召开部门经理会议。在会议中，人力资源部门必须将其在这段时间需要其他部门配合的事情做一个报告。同样，非人力资源部门经理也可以提出在人力资源管理方面发现的问题或者遇到的困难，请人力资源部门给予专业的支持。

第二，正确处理人事问题。

有时，有的员工会直接找人力资源部门提出一些人事问题，而没有和部门经理讲。这时，作为部门经理，要心平气和地看待这件事情，不要对员工大发雷霆，而是要先了解一下实情，再来决定应该怎么处理。

第三，参与制定规章制度。

如果人力资源部门经理与非人力资源部门的经理能够在制定一项工作流程的规章时分工协作，参与讨论，积极提出意见，那么对企业人事规章的制定一定会有很大帮助。例如，企业要设计出差的管理办法，涉及出差的流程、时间长短、申请审批、出差费用的报销办法等，必须要请非人力资源部门经理来参与制定。非人力资源经理与人事部门配合得越紧密，交流越融洽，对整个企业在人力资源管理方面的帮助就越大。

本章小结

本章主要介绍了部门经理与人力资源管理部门如何配合工作的问题。

作为非人力资源部门经理，首先要熟悉企业的人事规章，并遵循企业的人事工作流程。其次，要了解企业的人力资源部门，不仅要了解其机构的设置，还要了解人力资源部门的功能，明确它能够为自己提供哪些专业的支持和帮助，明确企业要求你在人力资源管理方面做些什么。当然，这需要学习一些人力资源管理方面的专业知识，但不必学得太深。实践证明，非人力资源经理跟人事部门配合得越紧密，交流越融洽，对整个企业在人力资源管理方面的帮助就越大。

CHAPTER 3

部门经理的日常人力资源管理

- 创造良好的工作环境
- 切实了解员工
- 指导员工的方法
- 纠正员工错误的方法
- 公平合理分工
- 保持双向沟通

创造良好的工作环境

员工来公司上班，每天至少有 8 小时在办公场所里度过，所以员工的情绪和士气与工作环境息息相关，而非人力资源经理的领导风格一定会影响整体的工作氛围。例如，严厉型的部门经理会造成比较紧张凝重的氛围。虽然在工作上可能会表现得很好，但是大家的压力很大，士气不高。那么，作为一位部门经理，应该创造一个什么样的工作环境呢？

一般来讲，人性化的工作环境是任何员工都期望的。人性化，也就是尊重他人的愿望、爱好和行为方式等，提供使人心情舒畅的环境和条件。所以，先把人性化放在前面。但是，如果只有人性化，而没有其他，就很容易造成自由散漫，因此还要有纪律（见图 3-1）。

图 3-1　部门经理日常人力资源管理的第一要务

部门经理应尊重员工的专业和工作方式，在这方面走人性化路线。例如，一些部门可以采取弹性上下班的制度，甚至可以根据实际情况允许员工在家办公。当然，还有一些部门必须按时上下班，如客户服务部。因为有的客户可能一大早就要打电话来咨询、订货、投诉等，所以这个部门的员工不准迟到。这就是纪律，而这条纪律是客户服务部的工作性质所决定的。

有时，客户会有一些抱怨，这会让直接负责接待的部门员工常常有一些挫折感，有一些压力。此时，部门经理就要想办法缓解这种压力，例如在工作场所播放一些轻音乐等。这就是人性化，也是部门经理应该做的事情。所以，在不同的工作环境中，部门经理在设计制度的时候，要考虑到上述因素。

切实了解员工

1. 掌握员工的基本资料

每一位部门经理都可以到人力资源部门取得下属员工的基本资料，以便确实掌握本部门每位员工的基本情况，包括学历背景、过去的相关经验等。掌握了这些数据之后，就知道与他谈话的时候，有哪些话题可以谈，哪些事情不宜提及。所以，掌握基本信息非常必要。

2. 掌握员工的日常交往情况

此外，通过交流还要注意掌握一些新资料，包括家庭的状况、日常生活以及交往等。这样，一旦出现问题，部门经理才知道如何去解决。比如一位本来比较纯洁的员工，进了营销部门，过了不久，可能有些同事会把他带入歧途，收受贿赂了。作为部门经理，如果平常对他的情况非常了解，对怎样去帮助他就易如反掌。

3. 掌握员工的个性及喜好

要深入了解一位员工，还要知道他的个性喜好是什么，这也有利于与员工的互动交流。当然，最难琢磨的就是员工的个性或者喜好。每位员工都有自己的家庭背景和成长环境，都有自己的个性。例如，很多大型公司的职工是从外地来的，公司环境与他以前生活的环境差异很大，有的员工就可能需要相关的协助，比如预支薪水。对于这件事，部门经理就要去判断是否有必要。

在诸如此类的事情上，部门经理平常做人力资源管理时也要注意，注意每一位员工跟其他同事，或者其他部门的同事在交往过程中有没有困难。作为部门经理应该经常与员工进行交流，或者给员工一些指导。要注意员工的喜好，想方设法提高员工的工作积极性。

填写表 3-1，以便更好地了解本部门员工的情况。

表 3-1　部门员工情况表

<table>
<tr><td rowspan="5">基本数据</td><td>姓名</td><td></td><td>性别</td><td></td><td>民族</td><td></td><td>籍贯</td><td></td></tr>
<tr><td>毕业院校</td><td></td><td>学历</td><td></td><td>专业</td><td></td><td>语言</td><td></td></tr>
<tr><td>信仰</td><td></td><td>政治面貌</td><td></td><td>住址</td><td></td><td>邮编</td><td></td></tr>
<tr><td>住宅电话</td><td></td><td>手机</td><td></td><td>E-mail</td><td></td><td>入职时间</td><td></td></tr>
<tr><td>工作经历</td><td colspan="7"></td></tr>
<tr><td rowspan="8">日常交往</td><td>姓名</td><td colspan="7">与本人交往关系</td></tr>
<tr><td></td><td colspan="7"></td></tr>
<tr><td></td><td colspan="7"></td></tr>
<tr><td></td><td colspan="7"></td></tr>
<tr><td></td><td colspan="7"></td></tr>
<tr><td></td><td colspan="7"></td></tr>
<tr><td></td><td colspan="7"></td></tr>
<tr><td></td><td colspan="7"></td></tr>
<tr><td rowspan="2">个性喜好</td><td colspan="8">个性描述：</td></tr>
<tr><td colspan="8">爱好描述：</td></tr>
</table>

（建议：本表可以打印多份，为每位员工建立一个小档案。员工的这些个人情况可以从人事部门获得基本材料，更主要是要从与该员工交往的人那里或者通过与该员工直接交流获得。）

指导员工的方法

部门经理平时还要有当“教练”的观念，要经常指导员工。可供参考的方法有以下几种。

1. 利用部门内部会议安排指导时间

也就是说，每一次开会的时候，都要留出一定的时间请员工发问，让他们利用这段时间把想要提的问题提出来。时间不需要太长，以便实现与员工的交流互动，对员工提出的问题进行指导。这样，员工与部门经理之间就有了比较固定的、规范性的互动时间表。

2. 日常工作中随时可以指导

在日常工作中，不论是出差，还是外出开会，随时都可以对下属进行指导。例如，和客户进行价格谈判的时候，请员工坐在旁边观察，谈判完成后，部门经理就可以对下属进行指导，告诉他刚才的场景里，哪一点是需要注意的。这是一位部门经理指导员工的常见方法。

现在，微信、QQ 等通信平台盛行。建议最好能在部门内部设置一个群，把所有成员都纳入。这样，大家随时随地都可以在群里交流工作，分享知识。

3. 抱着爱心、耐心来指导

在心态方面，因为每位员工都是部门的成员，所以部门经理需要负责照顾、培育员工，要以爱心来对待他们。

此外，还要有耐心。最难的就是耐心，因为工作一忙碌，很多部门经理就没有心情指导自己部门的员工了。这就需要部门经理设身处地地为员工着想，多几分理解，就会有耐心了。

纠正员工错误的方法

1. 及时纠正员工错误时要注意态度

及时地纠正员工的错误，是很多部门经理常常要做的，但往往处理时的做法和态度不当。例如，当员工犯错的时候，有的部门经理火气冲天，严词批评，态度很不好，员工也难以接受。为了避免事态扩大，及时纠正员工的错误是必要的，但不是当场给对方难看，而是私下及时修正。这实际上就是一个态度问题。

2. 注意解决问题的方法及预防方式

纠正错误不只是告诉员工错在哪里，因为错误已经犯了，覆水难收。关键是要让他知道解决问题的方法，还要告诉他怎样预防。也就是说，要分析错误发生的原因，找出可以防患未然的方法，既提前预防错误的发生，还可以避免同样的错误重复出现。这才是帮助员工纠正错误的正确方式。

3. 坚持对企业有利的原则

部门经理在纠正员工错误的过程中还必须坚持一个原则，那就是为了企业的整体利益。对较严重的错误给予适当的惩罚是应该的，否则其他员工会不知道这件事情的严重性，消除不了错误的影响。所以，部门经理在处理的时候，不能袒护或故意夸大错误，要坚持公平的原则。

某个部门的员工做错了一件事，在报价单上多加了一个“0”，因此整个价格超过了公司的成本预算，对公司运营产生了极大的影响。这位员工平时表现很不错，但也必须接受适当的处罚，只是他又承担不了，怎么办呢？

通过部门经理和人力资源部经理的协商，为了尽量减少公司的损失，同时也能让这位员工继续留在公司，他们采用了这样一个方案：只要这位员工能够竭尽所能弥补他的错误，或者降低损失，处分就可以相应减轻。

公平合理分工

1. 怎样做到合理分配

作为部门经理，对每位员工的专业能力，对他们每个人的工作效率与质量都应该比较清楚。所以，在运用人力的时候，要做得扎实一点，做到合理分配。这就要求部门经理不仅要知道每一件事谁是最佳人选，还要处理好人力的运用与业务量之间的关系，这样才符合公司的需求。然而，实际工作中常常会出现“能者多劳”的现象，这在部门人力资源管理中是不太公平的。忙者总忙，逸者恒逸，这就是不公平的分配，除非在薪酬福利上对有能力的人有所补偿。

2. 让员工有轮调学习的机会

现在在企业里流行这样一个观念，叫作轮调学习。具体来说，轮调学习就是在一个部门中有数个不同工种的学习机会，部门的员工不是长时间从事同样的工作，而是在同事之间做轮调，互相学习。其好处是大家有机会学到新东西。

另外，轮调学习还会形成“职务代理人”。也就是说，如果有某个员工由于请假、出差、离职等原因离开岗位了，可以有另外一个也能从事其工作的员工来代替。

所以，在做内部工作分配的时候，要采用轮调学习的方式，让员工扩大他的专业范围。这个方法对人力资源经理或者非人力资源经理都是非常有利的。合理地分配工作，让员工获得适当的学习机会，这对部门经理平常的人力调度非常有好处。

保持双向沟通

在人力资源管理上，双向沟通是极为重要的。由于工作的原因，大家平时都是比较严肃的，能够敞开心扉交流的时间不多。但是，融洽的工作环境和人际关系又离不开沟通。因此，建议部门经理最好能在工作以外的时间与员工适当地沟通，或者建立一个随时可以互动沟通的机制。前边提到的一些指导首先是工作指导，与工作无关的心情交流则可以在下班之后，或者休闲假日里去做双向沟通。当然，有个很重要的前提是，部门经理自己要学习一下沟通的技巧。

员工个性孤僻不愿意与人合作，应该如何指导他？

答案

员工本身的个性很难改变，对个性孤僻的员工，可以试着从两个方面来做指导。

首先，从工作的角度指导。员工个性孤僻，不愿意跟别人合作，但他的工作不能独立完成，需要别人的协同合作。所以，部门经理可以把他和他工作的上下游人员召集起来，开一个协调会，避免因他的个性孤僻而造成上下游人员在工作上的不顺畅。

其次，工作以外的了解沟通。虽说“江山易改，本性难移”，但部门经理还是应该试着在私下加强交流，了解员工的一些看法。一般个性孤僻的人都很有主见，也很难直接深入他的内心。部门经理需要先去了解员工，然后通过沟通打开他的心扉。另外，还可以找专业的心理咨询师，与这位员工互动。这也是发展的一个趋势，非人力资源的经理毕竟没有专业的心理咨询知识，找专家协助当然是一个不错的方法。

本章小结

本章介绍了部门经理在日常工作中如何进行人力资源管理的问题。创造良好的工作环境是部门经理在日常工作中进行人力资源管理的核心，其他问题都是围绕这个问题展开或者是这个问题的一部分。员工每天很大一部分时间都是在工作中度过的。在这个环境里，大家期待的是愉快的心情和高效率的工作质量。有了这些，员工才乐意留在这个部门和同事们一起奋斗。

日常的人力资源管理无非是与员工打交道，这就必然要求部门经理非常准确地了解员工，在各方面指导员工的工作，并能及时纠正员工的错误。对员工之间的关系，在工作分配上公平合理是十分必要的。经理与员工之间的双向沟通则是以上各项工作的基础。

PART II 下篇

部门经理人力资源专业技能培育

CHAPTER 4

如何做好人力运用

- 部门人力分析
- 未来人力发展需求
- 如何将未来目标与人力计划结合
- 人力规划分析
- 制订人力计划的步骤

1. 明确人力配备的现状

分析部门人力状况，非人力资源经理首先要明确人力配备的现状。一个比较简单的方法是高、中、低三分法，就是将现有的员工摆在高、中、低三个等级中，对其分布情况加以分析。例如，部门现在有10位员工，根据你所熟悉的状况，包括他们的经验、专业能力，还有他们的学习态度和工作态度，确定一个评判的标准，然后做一个分布图。例如，根据你做的判断，高的有3位，中的有5位，低的有2位，就是下面的分布情形，如图4-1所示。

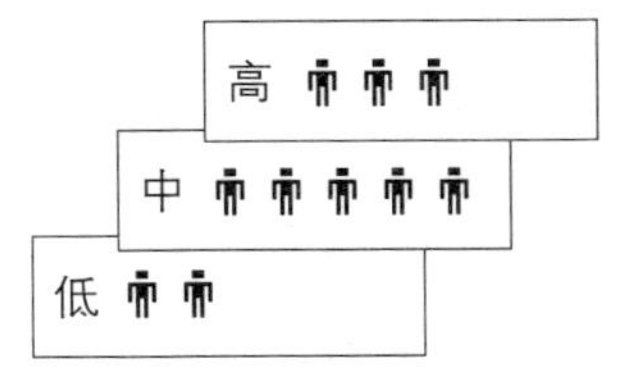

图4-1　部门人力状况分析图

得出这个分布情况之后，接下来要做的是进一步了解这样的分布情形与公司交代给你的工作任务之间如何结合。也就是说，现在的人员配备状况是否符合你的工作需求。经过分析，把现在能够做到的部分列出来，没有办法做到的也列出来，这样就可以确认你的工作同你的人员配备两者之间的关系了。

假如某公司给营销部门的业绩目标是每个月回款100万元人民币，虽然有10位员工，但是就像刚才的分布图一样，只有3位是能力比较强的，有5位有一年左右的经验，业务还不是很熟悉，另外两位刚刚加入进来。这100万元的业绩落在10位部门员工头上，怎样去做适当的工作分配呢？

无论谁来分配，三类员工之间的整合结果可能都是三位核心成员承担比较重的任务，两位刚进公司的员工可能还无法创造较多的营销额。可以拿出半年时间给后进人员学习成长的机会，而不能马上要求他们每个月完成多少业绩，但是有必要提出半年之后应该达到的理想标准。

2. 列表分析部门工作情况

以上案例启发我们，整个部门可以分析确定已经做的事情和没有做的事情，这不失为制订计划的一个很好的参考。

例如，营销部门已经建立了营销奖励制度和营销管理作业流程，但是发现最近整个经济环境的改变、行业的竞争使很多账款无法回收，在这样的情况下，就有必要做一个关于诚信调查的操作系统，如表 4-1 所示。

表 4-1　某营销部门工作情况表

已做事项	未做事项
●建立营销奖励制度 ●建立营销管理作业流程	●营销账款诚信调查作业

未来人力发展需求

1. 问题分析

作为部门经理，必须了解哪些工作已经做好了，哪些工作还需要加强。这些问题分析透彻之后，你就可以清楚地知道，为了实现将来的目标，需要怎样的人员配备。根据员工等级表，你可以提出还需要招聘什么样的人才，把需求的数据提供给人力资源部门。

2. 目标结合

部门经理把需求的数据提供给人力资源部门后，企业会将部门发展的目标同公司的目标相结合。

以营销部门为例，每个月 100 万的销售指标，现有的员工很难马上达到。在这种情况下，就必须考虑招聘新员工，而

且是比较有经验的。部门经理要制订出一个需求计划来。这个计划要务实一点，不能是毫无可操作性的。如一直无法招聘到优秀人才，部门经理的业绩目标就没有办法实现。原来的分布图是高、中、低，依次有3人、5人、2人，为了使今年的计划同业绩目标连接，就不能找低层次的人，直接要在高层次或者中间层次考虑人选，因此招聘的人一定要有两三年工作经验，最好还是本专业的工作经验。在竞争的市场上，企业为了追求高速发展，想占领市场，最佳的方式可能不是慢慢地培育人才，而是必须在市场上寻找现有的可用之才。

因此，经过分析，为了实现公司的业绩目标，营销部门在年底之前需要达到如下的人员配备（见图4-2）：

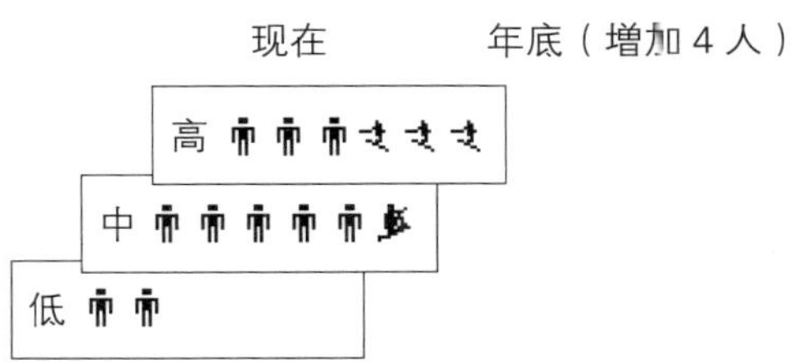

图4-2 营销部门的用人规划

增加的4位就是待补人员，营销经理将招聘员工的需求计划提交给人力资源部门，以求得到帮助解决。

填写表4-2，对你所在部门的人力需求做出预测。

表 4-2　未来人力需求预测表

	能力	人　数
人力资源现状	高	
	中	
	低	
部门工作情况	已做事项	
	未做事项	
至______年______月需求预测	能力	人　数
	高	
	中	
	低	

如何将未来目标与人力计划结合

1. 企业需求与人力评估

如果要预测明年的情况，就应该清楚明年的业绩要求到底怎样，这又是一个新的题目。所以，如果要跟未来计划接轨，非人力资源经理更要仔细地研究和确定未来企业的需求，要达到公司未来的工作目标，就必须对本部门的人力作适当的评估。如果对自己部门的人力评估比较清楚，达到企业的需求就不会很难，更不会盲目地只想增加本部门人员。

2. 企业发展与员工成长

部门经理不仅要考虑到企业的发展，而且要考虑到员工也应该成长（见图 4-3）。一年之后原来最低层次的两个人不能原地不动，管理者或公司要有适当的培训，让他们获得学习、提升的机会，让他们逐步成长起来。

所以，上例中年底的 6、6、2 的情况实际是这样：低等级的两人全部提升到中等级，中等级里的 6 个人，要求有 3 个人提升为高等级。这样，原来的 3、5、2（增加 4 人后）就变成了 9、5 的情况。

要做到整体的人力规划分析结果与人力资源规划相结合，一个比较重要的观念是，人是可以成长的，人可以通过学习提高能力，从而使企业的效益得到提高。

图 4-3　部门经理要考虑到员工的成长

改革开放以来，随着经济的高速发展，国内企业常常会提出公司的营业额在一两年之内要翻几番的目标。有一些企业的经营者或者部门经理常常产生误解：如果我的营业额要增长一倍，是不是我的人员也要增加一倍呢？你对这样的观点有何评价？

答案

答案是不一定，因为可能今年现有人力能力会有所提升。

根据人力资源专业的调查结果，经过一年的学习，原有人员的业务能力至少会增强25%。

就像本节所举的例子那样，原来是3、5、2的情况（增加4人后）后来可以变成9、5。因此，企业要从自身实际情况出发，不需要盲目雇用太多的人，以免造成浪费。

人力规划分析

企业组织其实就像生物一样有生长周期，从出生到成长，到老化，直到最后死亡。企业发展的每一个阶段在人力的规划上是非常不同的。下面，我们就把企业的发展分为四个阶段（见图 4-4），并对每一阶段相应的人力规划进行分析。

企业人力规划分析：

- 开创期——求生存与人力弹性
- 成长期——循序渐进、计划完整
- 成熟期——稳定建立、调整改善
- 衰退期——人力过剩、进行重整

图 4-4　企业人力规划分析

1. 开创期——求生存与人力弹性

开创期是指一家企业刚开始创立的阶段，即所谓“打天下”的时期。这个时期的基本原则是先求生存，先把市场打开。既然如此，许多人力计划是没办法预测的。所以，在这一阶段，部门经理或人力资源部门经理不要强求做出人力计划。这是一个重金礼聘、请高手帮忙“打江山”的阶段，在人力的运用上要注重弹性。

2. 成长期——循序渐进、计划完整

成长期是企业发展的第二阶段。经过一段时间的循序渐进，企业已经有了一个基本的架构。这个架构对于企业的发展非常重要，因为有了稳定的成长之后，就可以制定出完整的人力计划方案，可以在公司内部、外部运用人力。

例如，现在公司进入了成长期，在全国各地有七八个分公司，在这个比较稳定的环境里要把人力一一规划出来。这个规划要从内部资源和外部资源两个方面取得。所谓的内部资源，就是公司内部的员工体系。例如，现在要设立山西太原的分公司，把北京总部的人员抽调到太原去，这样的内部处理运用就显得非常重要。因为基本架构已经确定了，不会出现混乱的情况，所以考虑的是是否影响北京公司经营。

3. 成熟期——稳定建立、调整改善

在成熟期，企业的架构已成，适宜设立分公司的地方都有了分公司，而且都很稳定。这时要做的事就是进行调整改善，人力计划也可以做弹性运用，让人力运用极大化，而且此时前面提到的轮调工作的时机也成熟了。因为各地都设了分公司，可能需要成立一个

华北地区的总部、华东地区的总部来统筹本区域的各家分公司，人力运用就变成在分公司里挑选优秀人才担任华北区、华东区的总经理。这样的人力运用要分阶段完成，通过这样的方式，达到帮助企业发展的目标。

4. 衰退期——人力过剩、进行重整

成熟期之后便是衰退期，这也是令很多企业管理者头疼的发展阶段。这时，第一个可能出现的情形是人力过剩，因为竞争对手越来越多了，企业的市场占有率在慢慢缩小，就可能导致人力过剩。怎么办才好呢？答案是必须重整，或者缩编。

这时，人力计划就必然分成两个部分：一方面，要选择留下来的人，就是在现有的员工里面，挑选可以留下来的人才，成为人力计划的一部分；另一方面，就是确定哪些是必须要离开企业的人。这些都是部门经理（即非人力资源经理）在人力计划里必须要做的事情，可以从绩效考评、工作表现来分类，并根据实际情形做一些调整。

制订人力计划的步骤

制订人力计划通常遵循以下四个步骤：确定企业发展方向及营运方针，企业人力资源管理政策说明，内外部人力市场分析和拟订当年度人力计划。四者之间的逻辑关系如图 4-5 所示。

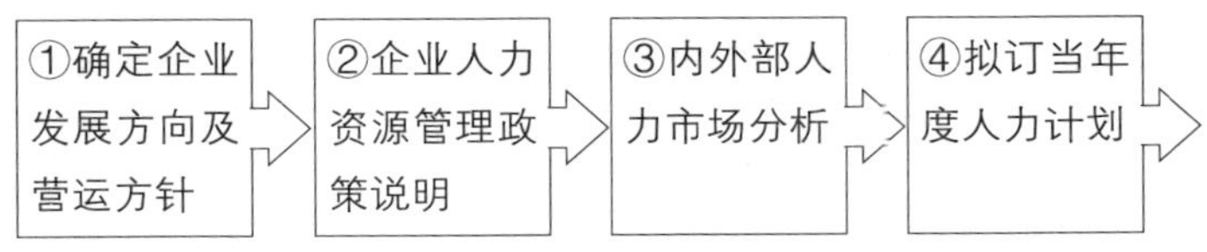

图 4-5　制订人力计划的步骤

为了更好地阐释制订人力计划的步骤，下面我们将以天津滨海新区的一家企业为例来进行说明。

1. 确定企业发展方向及营运方针

这家企业开始大约有 300 人，而它的最终目标是发展成拥有 3000 名员工的大型企业。为了实现这一目标，企业制订了循序渐进的人力运用计划，争取在第一年先达到 500 人的规模。这是这家企业的第一个要求，也就是确定了它的发展方向与营运目标。

2. 企业人力资源管理政策说明

作为管理者，应该清楚地知道：由于自己的企业是高新技术企业，因此要求工程师的水平要在大学本科以上。这是在企业人力资源管理政策上必须做出的说明，也就是说，要明确地告诉人力资源部门，企业对人力水平的要求是什么。

3. 内外部人力市场分析

开始做内部和外部人力市场分析的时候，管理者就要了解清楚：如果在这 500 人里面需要有 200 位工程师，可目前公司内部只有 50 位工程师，另外的 150 位要分几个阶段由外界招聘进来。而这些情况需要在人力计划里详细地写出来。

4. 拟订当年度人力计划

经过内外部人力市场分析之后，一方面，计划要引进 150 位新员工可以分三个季度完成，确保每个季度都有新人进来；另一方面，可以依照公司建造的速度，联系整个人力计划的实施速度，加以整合，分别补充人力，采取先少后多的原则。

通常情况下，公司会在每年的 10 月份或 11 月份做来年的部门计划，然后针对计划中可能的业务作人力调配。如果发现仍有工作无法由专人负责，只好在人力计划中增加人员配给；如果发现有些部门的工作人员数量过剩，也会做出相应的调整。

不过，对于有些公司而言，5、6、7 月才是公司业务的旺季。例如一家专做视听教材的公司，其销售对象是学校，多是在学校放假的时候需要人力。在旺季的时候，可能需要的人才多一些。如果 5、6、7 月是旺季，就要在 4 月份的招聘计划里提醒人力资源部门做好准备。这就把整个公司的运营计划与部门的人力计划结合起来了。

当然，前提还是要对部门的人力做好分析：现有员工的能力如何，还需要补充多少人；如果要招聘，应该招何种能力水平的人等。这些都是部门的人力计划中需要特别注意的事情。

参照以上所述人力计划的步骤，做出自己部门的人力计划，见表 4-3。

表 4-3　部门人力计划表

步骤一：企业发展方向及营运方针	计划规模	＿＿＿＿＿＿人
	现有规模	＿＿＿＿＿＿人
	本年度目标	＿＿＿＿＿＿人
步骤二：企业人力资源管理政策说明	工种	学历或能力要求

（续表）

<table>
<tr><td rowspan="5">步骤三：内外部人力市场分析</td><td>工种</td><td colspan="2">内部已有人数</td><td colspan="2">外部需求人数</td></tr>
<tr><td></td><td colspan="2"></td><td colspan="2"></td></tr>
<tr><td></td><td colspan="2"></td><td colspan="2"></td></tr>
<tr><td></td><td colspan="2"></td><td colspan="2"></td></tr>
<tr><td></td><td colspan="2"></td><td colspan="2"></td></tr>
<tr><td rowspan="5">步骤四：拟订当年度人力计划</td><td>季度工种</td><td></td><td></td><td></td><td></td></tr>
<tr><td></td><td></td><td></td><td></td><td></td></tr>
<tr><td></td><td></td><td></td><td></td><td></td></tr>
<tr><td></td><td></td><td></td><td></td><td></td></tr>
<tr><td></td><td></td><td></td><td></td><td></td></tr>
</table>

本章小结

本章总结了部门经理的人力运用问题，重点是人力计划的制订。

要运用好人力，首先要对本部门的人力资源状况了如指掌。因此，部门人力分析是整个人力运用和人力计划的基础。在人力运用和人力计划上不仅要立足现实，还要展望未来，确定未来人力发展的需求。然后，将二者结合起来，参照本企业所处的发展阶段，一份很好的人力计划就制订出来了。

CHAPTER 5

高效率人力资源的运用

- 核心人力与非核心人力
- 工作时段的人力运用
- 弹性与人力运用方法

核心人力与非核心人力

1. 确定核心人力及其数量

进行人力资源设计，就要区分核心人力与非核心人力。而要进行精准的区分，首先必须明确知道部门里哪些是核心人力。所谓核心，即是非常重要、非常关键的意思，它是对整个部门乃至公司发展的重要性而言的。在整个部门体系里，核心人力最能帮助部门完成任务。在前面谈到的高、中、低三等级的人员划分中，部分高等级员工形成了部门里最核心的一群人。

同样，在一家企业组织体系里也会有核心人力，也会有核心部门。部门对企业来讲特别重要，是企业赖以生存和发展的重要基本单位。对于一般的企业来说，市场营销部门和生产技术部门是核心部门。除核心部门和核心人力以外的其他部门和其他人力，当然也不是不重要，只是相对来讲比较偏向于非核心领域而已。

明确了谁是核心人力，就应该把他们的数量计算出来，并计算出他们在总人数中占的百分比。因为只有如此，才能清楚现在的核心人力到底达到了要求没有。据目前通行的国际标准，核心人力要占到全公司总数的 15% ～ 20%。而在国内一些高科技企业中，核心人力的占比已经超过了 20% 的上限。

2. 部门经理要分辨出核心人力

要把核心人力从全体员工中挑选出来，对非人力资源经理来讲并非易事。作为部门经理，一定要加强对员工的了解，对本部门需要哪些技术和能力，以及哪些员工掌握这些技术和能力，都应该非常清楚，因为这些员工是真正能够对企业做出巨大贡献的人。

3. 如何对待和运用核心人力与非核心人力

部门经理不仅要能够发现核心人力，而且还要能够重视和保护这一资源，并让其不断成长。另外，部门经理还要注意处理好核心人力与非核心人力之间的关系。既然有核心人力与非核心人力之分，那么二者在实际工作中就难免会产生冲突。这时，作为部门经理，在二者中间应该扮演一个协调者的角色，不能一味偏袒核心人力，而且在日常工作中还要重视两者之间的互动和沟通。

现在有些企业自己不再做保安、清洁和司机的工作了，而是直接租用专业公司提供的专业人员做专业工作。部门经理一定会想到，如果我今天掌控的都是核心人力并对非核心人力弹性地运用，那么这些非核心人力的变动就不会给公司造成大的损失。这种想法很好，但是也应该意识到，这些做保安、清洁和司机的人士对于你的企业来讲是非核心人力，但是可能在专业公司也许就变成核心人力了。这种非核心人力专业化、核心化的做法当然会提高工作的效率和质量。

案例

很多朋友都去过麦当劳餐厅吃饭，那么你认为麦当劳公司的核心人员是谁？非核心人员是谁？他们如何运用人力呢？

其实，同一般的连锁店一样，麦当劳在经营它的分店时，同样是一位店长（经理）和一些资深的技术指导人员先进入，然后注册求才广告，再开始招收服务员、清洁工、收银员等。从这一过程我们可以看出，先期进入的店长和资深技术人员是经营这个分店所必不可少的核心人力，而服务员、清洁工、收银员等则是非核心人力。因为服务员等的工作本身在操作上是比较机械的，重复性很强，经过培训之后大部分人都可以很快胜任，而且他们的工作时段弹性非常大，可以挑选。

店长和资深技术人员之所以会成为核心人力，是因为分店一定要有一位运筹帷幄的人，他就是该店店长（经理）；当然还需要一些掌握麦当劳食品核心技术的人，他们就是资深技术人员。没有店长（经理），这个分店所有的大大小小的事情谁来统筹、控制和负责？没有资深技术人员，麦当劳也就没有了自己的特色。这就是真正帮麦当劳做好工作的核心人力。核心人力与非核心人力的区别是从重要性上来说的。

麦当劳非核心人力的流动性很高，因为他们的替换对经营没有太大损伤。麦当劳的培训做得非常好，它把所有的培训数据做成手册，包括做汉堡要放多长时间，要从哪边捞起，或者炸薯条怎样操作，多久之后没有人买就要丢掉，这些点点滴滴的细节，都在作业操作手册里写得清清楚楚。这样就可以把非核心人力流失的损害降低到最小。同时，它还在想办法不断地提升分店店长（经理）的管理能力，这样能保持分店运转得越来越好。

工作时段的人力运用

1．工作时段的划分

公司部门的工作时段，整体来看一般会有淡季、旺季的明显区分，如一年之中哪个季度、哪个月份会比较忙，哪个时段则会比较清闲。

例如，一家进出口贸易公司，在把本公司的产品销往国外去的时候，会发现：在圣诞节之前，产品销路会非常好；过了圣诞节，欧美各国开始放年假了，那段时间销路就会比较清淡。

再如，财务部门每个月月底都要核算整个公司的薪酬，要整理员工的考勤、薪酬等相关数据，所以这几天比较忙。

一天中也有忙与不忙的时段，像餐饮业在用餐时间工作量最大，工作最繁忙，吃完饭以后，餐厅的师傅和服务员们就可以休息一下了。故而，餐饮业就不像其他行业一样规定“朝九晚五”的上班时间，而是具有更大的弹性。从上述的情形来看，人力运用还是有很大空间的。

2. 人力运用的弹性

人力运用的弹性化在餐饮业中表现非常典型，因为餐饮业的旺季太集中。故而，他们除了有固定的人力之外，一般都还有所谓假日工，就是专门在节假日来打工的人员。因为节假日餐厅的顾客比较多，而这种假日工平常是不需要的，只要在假日来工作就可以了。这种弹性化的人力运用，当然节省了很多成本。

你所在部门的工作存在淡季、旺季的现象吗？作为非人力资源经理，在不同的工作时段你怎样运用自己部门的人力？

答案

首先要分清工作时段何时是旺季，何时是淡季。建议一般在淡季的时候让员工放假休息或者对他们进行培训。所谓“养兵千日，用兵一时”，淡季的时候培训“练兵”，等旺季的时候才能发挥出最好的效果。

把培训课程放在淡季还有一个好处就是：员工没有借口不参加培训，因为这段时间是比较清闲的。如果企业在旺季的时候加班很多，一般可以用补休的方式让员工在淡季多休几天，使他们的身心放松一下。这些都需要部门经理根据具体情况来安排。

如果淡季和旺季的时间差距太大，闲的时候太闲，忙的时候又太忙，像财务部门，建议采取拉长作业期的作业模式。所谓拉长作业期，就是把旺季要做的事情，能够前期完成的就先拉到前面做，前期工作做好了，后期再加进来的事情就显得不那么重了。

此外，还可以采用更弹性化的处理方式，在旺季临时雇用一些员工。对于部门经理或企业领导来说，清楚自己部门或公司内部的核心人力的数量以及可以弹性补充的人力的数量，将会对本部门的人力运用十分有利。

1. 人才租赁

关于人力运用的弹性工作方法，我们在前面已经有所接触。下面将要介绍的“人才租赁”即是其中非常重要的一种（见图 5-1）。最近几年，我国开始仿效一些欧美国家，采用“人才租赁”的方式进行人力运用，即一些原来需要自己培养的人才（不论是专业的或非专业的人才都有可能），现在可以通过人才租赁公司以临时租赁的方式加以运用。例如，企业参加会展需要许多接待人员，但她们只是在会展期间才发挥作用，平时只能闲置。因此，通常的做法是：一部分由自己公司的员工担任，另一部分则通过人力公司租赁人员担任。

在旺季人力短缺的时候，部门经理做人力规划时就应该先考虑一下能否运用弹性人力。如果自己聘用雇员，成本可能相对较高，尤其是自己不熟悉的专业，其实还是相信专家的好！

图 5-1　弹性人力应成为部门经理应对旺季人力短缺时的首选

2. 成本问题

是否采用弹性人力的关键在于成本的问题。因为直接雇用一位员工所用的人力成本是比较高的，而用弹性人力一般是计时或者计件发放薪酬，成本就低得多。这对企业的发展或人力运用非常有利。

3. 质量问题

你可能会担心这种弹性人力的工作会有质量问题。其实，只要能够把事情做好，问题并不大，尤其是自己不熟悉的专业，很难在短期内精通，现在有专家等着被雇佣，又何乐而不为呢？况且，弹性人力不仅使企业用人弹性化了，还使原来的固定成本也弹性化了，会节省一笔资金，可以用到更需要的地方。

本章小结

本章探讨了如何提高人力运作效率的问题。

高效率就是以尽可能低的成本获取尽可能高的收益，这是贯穿本章的中心思想。因此，人力运作的高效问题就变成了两个方面：一方面是如何增加收益，另一方面就是如何降低成本。这两个问题都离不开人力的分析，就是要求部门经理分清本部门内部哪些是核心人力，哪些是非核心人力。

增加收益的渠道无非是提高工作人员的工作积极性与工作技能。关于积极性问题别的章节已经提到，本章讨论的主要是工作技能问题。其实这个问题就是提高工作人员专业化水平的问题，本章介绍的主要是一个非核心人力弹性化的方法。这也涉及对工作时段进行淡、旺季的区分以及降低成本的问题。

CHAPTER 6

招聘人员需求及时间表

- 确认人员需求及时间表
- 配合人事行政流程
- 如何看求职者简历

确认人员需求及时间表

1. 确定人员需求的情况

部门经理需要提前制订人力计划，以免用人的时候忙乱不堪。春节后是国内企业员工跳槽的高峰期，人员流动量非常大。因此，春节后也是国内企业招聘的高峰期，一是有员工离职，二是有些部门的员工需求有所增加。作为部门经理，这时就应该考虑需要补充哪些人力，确定需求的时间点，然后把这些情况提交给人力资源部门。

2. 提出需求的规格标准

有些公司内部备有工作职务说明书（岗位说明书），其中规定了每一职务的工作内容及其应该负担的职责。据此，部门经理可以向人力资源部门提出所需人才应该达到何种规格标准，以便寻找到合适的人才。例如，营销经理可以对要招聘的营销人员提出如下要求：大专以上学历，最好具有理工科背景，有销售消费品的经验，能在省内出差。

因为销售的是高新科技产品，所以需要大专以上学历，而且以理工科为佳。又因为本产品在市场上竞争较激烈，所以要求要有销售经验，并且入职之后要负责本省 1/3 县市的销售任务，要能够出差。确定这些标准之后，将它提交给人力资源部门，人力资源部门就可以依照此规格刊登招聘广告。

我们在报纸或者其他媒体上看到的招聘广告所写的内容，其实都应该是部门经理提出的标准，因为人力资源部门无法完全了解各个部门的具体需求。

部门经理在制定招聘人员规格时，一定要尽可能详细，尤其是一些特殊要求，如需要经常加班等。有人认为这样的要求最好不要写出来，否则可能没有人来应聘了，其实不写出来也必须在面谈时澄清，以免将来产生不必要的纠纷或冲突。

假如你所负责的部门要招聘人员，请参照表 6-1 中所列的项目，列出要招聘的人员规格标准。

表 6-1　招聘人员标准表

职务名称			
性别		年龄	
学历		专业背景	
工作经验		能力要求	
知识要求		特殊要求	

3. 招聘人员所需要的时间

招聘人员的计划既然要提前制订，就有必要了解一般情况下招聘人员所需要的时间。根据经验，招聘一般的基层人员需要 1 个月左右的时间，高级管理者则需要 3 个月左右的时间。另外，招聘人员所需要的时间还与以下两个因素相关。

第一，要招聘的职位是否热门。

招聘热门与非热门职位人才需要的时间并不一致，热门职位人才需要的时间相对比较长，例如营销经理；非热门职位人才需要的时间相对较短，例如文秘人员。因此，非人力资源的经理在制订招聘计划时要做到心中有数。

第二，本企业的情况如何。

如果你所在的企业是外资企业，声誉高，待遇好，即使要招聘热门专业的高级管理者，也可能在很短的时间内就有很多人来应聘。如果是一般的国内企业或中小企业，在这方面没有竞争优势，情况就大不一样了。

招聘就像市场交易一样，是供求双方的事，因此要做到知己知彼，就必须先了解自己部门或公司在市场上的竞争形势，并依据当前人才市场的供求情况，判断需要用多长时间才能招聘到所需要的人员。

配合人事行政流程

1. 内部沟通

确定了招聘人员的需求规格，其余的事大部分由人力资源部门执行，非人力资源部门经理一定要配合人力资源部门的行政流程。人力资源部门刊登了招聘广告之后，部门经理应该要求人力资源部门提供登报时间，因为登报以后，公司里除了人力资源部门启动了招聘程序之外，非人力资源部门（用人部门）也同样要启动招聘程序。

例如，有电话询问招聘职位的情况时，部门内部应如何回答包括工作的性质、基本职责、薪酬福利等基本情况，哪些可以答，哪些不能答，要先让部门内部的同事知道，即在招聘之前，公司内部相关部门和人员之间要做好沟通工作。

此外，在面谈之前最好是先请人力资源管理部门在简历所反映的基本规格（如学历、专业、经验年限等）上先做筛选，然后再决定通知应聘者面试。

作为部门经理，作为用人部门的负责人，你对人力资源部门的先期筛选有何看法？你应该怎么做？

答案

人力资源部门对简历的初步筛选，用人的非人力资源部门可能会有不同看法。其实，尽管有人力资源部门的简历筛选，部门经理拿到简历之后仍然要一一审查。因为只有这样，才能了解应聘者的多寡及其各自的专长等是否达到本部门的要求。人力资源部门的筛选仅是初步的、基本条件的审查，部门经理审查的重心是在核对专长、经验等专业性方面的准确性、可靠性。因此，前者不能代替后者。

2. 决定面谈次数

非人力资源部门的经理首先要确定面谈的次数，因为这关系到自己工作时间的分配。部门经理一定要意识到自己的一部分时间将用于招聘工作了。究竟要进行几次面谈是没有标准答案的，但是根据经验，比较高级的管理者因为必须要由总经理或者董事长来最终决定，所以面谈的时间会比较长。至于普通的基层工作人员，最好不要超过三次，面谈次数太多没有必要，而且容易让应聘者反感。在面谈并确定了人选之后，一定要及时通知人力资源部门。

如何看求职者简历

简历的内容及表达方式实际上是求职者给你的第一印象，那么非人力资源部门的经理在审查简历的时候应该注意哪些问题呢？

1. 审查形式要件

所谓审查形式要件，就是将简历的内容与部门的岗位说明书相对照，看简历中的内容是否与岗位说明书所要求的各条相符，有哪些相符、哪些相近，哪些更有优势以及哪些不符。把这些都一一标出，经过初步审查，部门经理可以决定是否有必要请应聘者前来面谈。

2. 工作经验

应届毕业生没有工作经验，在要求工作经验的情况下，是不是就立刻把应届毕业生淘汰呢？未必，因为应届毕业生在学校求学期间可能有类似的实习工作经验，这也应该标注出来作为参考。

3. 个性与爱好

应聘者的个性与爱好是影响其将来是否能胜任工作的重要因素，因此对应聘者的个性或喜好也要标注出来。

4. 能力证明

要求应聘者提供作品或工作案例、证书、资格认证等，这些是能证明其能力的基本资料。

非人力资源经理通过以上几点对简历进行筛选之后，挑出比较符合要求的人选，填好确定的人才需求表，然后提交人力资源部门，由人力资源部门代为安排公司的人才测评或是与高级经理面谈。

假如你的部门现在急于用人，但这一职位又是市场上的热门职位，很难迅速招聘到位，你应该怎么办？

答案

第一，需要做的工作在暂时无人来做的时候，部门经理必须做好工作分配。一方面，在开部门会议的时候，要对部门同事宣布将招“新人”到部门来；另一方面，工作分配也必须和大家讲清楚，以免出现招聘结束前的“空位期”。

之所以要做好工作分配，是因为很多部门都会出现这种情况：知道会有新人来，个别人就会把最难、自己最不喜欢做的工作留给新来的同事。这样的做法对于新员工来说是非常不公平的，会引起新员工的反感，甚至直接离职。

为了避免上述情况的出现，部门经理要事先做好安排，告诉部门同事，该做完的工作一定要按照流程、期限完成好。另外，还需要对部门同事做好解释工作，帮助他们调整好心态，对新员工应该抱着欢迎、合作的态度，而不是等着看好戏。

第二，需要根据招聘时间的长短与职位的重要性，订立可能的时间表。在制定时间表的过程中，部门经理不宜过于乐观。特别是当自己所在的公司并非实力雄厚的大公司或业内知名度甚高的公司时，部门经理更要以审慎客观的态度来看待整个招聘的运作与整合。

待时间表确定之后，部门经理还要抓住人事作业流程，有任何困难立刻跟人力资源部门反映，及早让人力资源部经理知道。

在简历审查过程中，每一个重要的标准部门经理都必须弄清楚，而且明确订立出来，这样整个招聘作业从一开始就会比较顺利了。

本章小结

本章主要介绍了招聘人员时的准备工作。这些准备，主要包括三个方面。

首先，确定对人员的需求情况及时间，即要明确公司或部门需要什么样的人、何时需要。这一点看似简单，但是有许多细节必须注意,例如对所需人员规格标准的制定、对招聘所需时间的估计等。

其次，要注意在招聘过程中公司各部门之间（特别是与人力资源部门之间）、员工之间在人事流程上的配合。

最后，介绍了审查求职者简历的一些技巧和需要注意的问题。

CHAPTER 7

面谈甄选的技巧

- 如何确定面谈对象
- 如何准备面谈工作
- 如何展开面谈步骤
- 面谈的问题案例
- 整理面谈记录

如何确定面谈对象

把简历与岗位说明书对照，对简历进行仔细的筛选之后，就确定了到底哪些人是这批应聘者中比较适合的人。因为面谈要花成本，所以绝对不要找太多人来面谈，这是没有必要的。一般在设计规划时，要先大概确定一下需要的人数是多少，然后确定需要在多少人中进行挑选，即面谈人数。目前，公认的黄金比例是3：1，因为1：1是没有选择性的，2：1也容易发生偏差，所以3选1是比较好的。

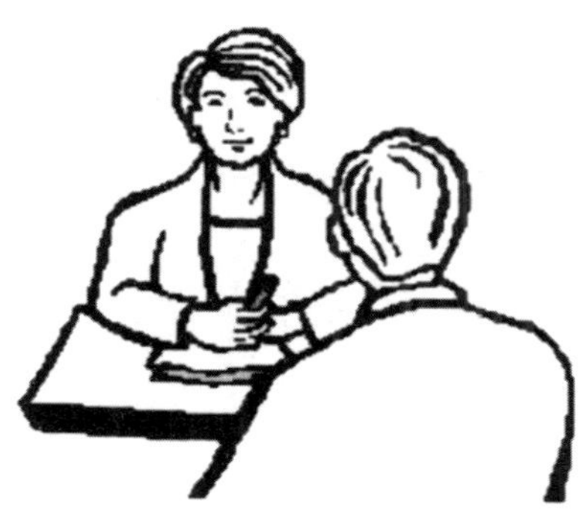

图 7-1　部门经理与应聘者面谈

拥有最后决定权的部门经理要先用 3 ：1 的黄金比例来确定最后的面谈候选人人数，而且要知道需要经过几次面谈。

例如，如果这次招聘的人数是 10 人，那么在部门经理做最后的核定之前，基层部门经理需要与候选人进行第一次面谈（见图 7-1）。部门经理在做第二次面谈（30 个人）之前，即基层部门经理的面谈人数也不要太多，可以定在 60 个左右，不宜超过 90 个。如果能够找到这样的人数来面谈，就已经符合黄金比例，在层层筛选之下所挑选出来的应聘者，一般合格率就比较高。

如何准备面谈工作

确定面谈的人选以后，要做一些准备工作（见图 7-2）。任何面谈，准备工作都非常重要。

图 7-2　面谈开始前的准备工作

1. 熟悉应聘者简历

熟悉那些准备前来面谈的应聘者的简历是准备工作的第一步。所谓熟悉简历就是把相关的重点用红笔标识出来。可标识出来的地方越多，就表示应聘者与职位的符合度越高。

作为面试者，在做准备工作时，应该通过简历把想要问的问题写出来，以便面谈时知道自己应如何提问应聘者。

2. 选择面谈问题

面谈时要问哪些问题，是很多部门经理非常头痛的事情。对于这一问题比较科学的做法是针对职位设计问题库。所谓题库，就是将一些标准的问题及与职位相关的专业问题集合成库。标准问题很简单，是一些常规性的问题，如“请你自我介绍一下”；专业的问题是将来要进到这个部门应该具备的基本的专业知识和专业能力。

至于这些题目的来源，最好能从过去部门曾经发生的疑难杂症、危机处理、常见争议等问题中选择。如果当时有会议记录，就有现成的答案可以参考，这便形成了最好的面谈题目，进而形成问题库。这样的题库能够帮助部门经理找到一个提问的方向。

3. 确定本次面谈的目的

招聘不只是在寻找合适的员工，还可以通过面谈达到其他目的。例如，在与应聘者面谈的过程中，可以了解市场行情，了解竞争对手的状况，这样才能提高面谈的价值。第一次面谈与决定性面谈也有所差别。如果是决定性面谈，面试者就应该更加谨慎。

4. 面谈时间预估

如何对面谈时间进行标准化设计呢？根据经验，对面谈的时间要加以控制，不能太长，也不能太短。一般来说，面谈时间是由职位高低及重要性决定的。统计数字表明，一般职位招聘的面试时间是 30 ～ 40 分钟。

如果准备招聘高级经理，在提问标准问题之外还必须强调解决问题的能力，所以面试高级经理可能需要 1 ～ 1.5 小时。

此外，在面谈之前可以向人力资源部门要求先让应聘者阅读公司的简介，或者职位说明书，这样可避免在谈到公司和岗位情况的时候因应聘者不了解而浪费时间。

如何展开面谈步骤

面谈一共有七大步骤（见图 7-3）：

展开面谈的步骤：

- 致欢迎词
- 请应聘者自我介绍
- 针对简历表提问
- 提出与工作内容相关的或与专业相关的问题
- 提出互动题
- 告知对方何时可以得到通知
- 感谢并圆满结束

图 7-3　展开面谈的七大步骤

1. 致欢迎词

双方面谈时，要先致欢迎词。这是个礼貌问题，作为部门经理是代表公司与应聘者面谈的，代表公司的形象，应非常礼貌地欢迎应聘者来公司应聘。

2. 请应聘者自我介绍

致欢迎词之后，要请应聘者进行自我介绍。将其自我介绍的内容与简历相对照，作为第一次核查。注意应聘者的自我介绍与简历上的是否一致。

3. 针对简历提问

对照简历或拿出此前看简历所写下的问题向应聘者提问。

4. 提出与工作内容或与专业相关的问题

与岗位工作内容或与专业直接相关的问题，是确定应聘者是否符合部门需要的关键。所以，面试者必须对这些专业题目精心准备。

5. 提出互动题

互动题是指请应聘者对公司或工作提出的问题或看法，例如对方希望得到的薪金和福利待遇。即使应聘者提出的要求高于公司的规定，作为面试官也不应太惊讶，脸上不应露出没希望的表情，你的表情会极大地影响双方的互动。作为面试官心情要平稳沉着，如果对方提到一些比较敏感的话题，不要马上做出太过于肯定的回答，也不要做过多承诺，一定要先分辨对方提出的问题哪些是授权范围可以回答的，哪些不是。

同时，作为面试官，还可以问应聘者一些其他问题，如住址、交通情况，以及对自己未来发展的看法等。面谈的过程是了解应聘者的好机会，通过面谈可以了解应聘者的逻辑思考能力、表达能力等多种能力。

6. 告知对方何时可以得到通知

面谈基本结束时，应告知对方何时可以得到通知，以免对方怀疑或牵挂。具体的通知日期还必须与人力资源部门沟通。

7. 感谢并圆满结束

面试结束之前要致感谢词，感谢对方花时间到公司面试。

假如你在与应聘者面谈时，一开始发现就谈得不投机，应该怎么办？

答案

如果出现这种情况，你可以加快步伐。如发现对方与公司的要求相距甚远，觉得已经没什么好谈的，就要采取快快结束的办法，例如说："OK，我想我们谈话告一段落，下周给你通知。"这样就把最后的结束语拉到前面来了，因为继续谈下去会浪费时间。

但是，也不宜把时间缩得太短，一般在预计时间过半的时候，觉得不要再浪费时间的话，才可以结束。例如预计30分钟，如果过了15分钟以后，已经觉得对方不太适合了，这时结束的话比较不会给对方留下不好的印象。

面谈的问题案例

1. 引导型问题

首先是工作经验的问题。

面谈时的互动提问有很强的技巧性，例如同样是问工作经验，图 7-4 中的两种情形就有很大差别：

图 7-4　谈及工作经验时的两种情形

前一种称之为封闭型问题，对方只能得出一个简单的答案。这种题目尽量少问，因为意义不大。

后一种则属于开放型问题，应聘者需要进行思考才能回答，具有很强的引导性。应聘者对这类问题的回答往往更容易显示其真正的能力和水平。

其次是公司产品的问题。

如果希望应聘者对公司的产品发表看法，或者想了解他对公司的认知情况，可以问这样的问题（见图 7-5）：

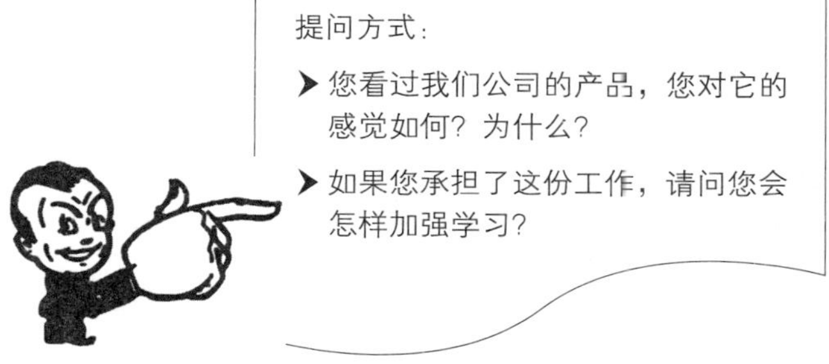

图 7-5　部门经理就公司产品向应聘者提问的两种方式

这样的问题，直接考验求职者对公司产品关心的程度和有没有非常强的意愿要到公司来。有的应聘者非常优秀，来之前已经通过登录公司网站或通过其他途径，非常清楚公司的历史沿革，对公司产品也很熟悉，这样的有心人对企业是非常有益的。

2. 情景模拟问题

所谓的情景模拟，是把公司过去曾经发生过的事件，或者公司现在正在运作的项目，也可能是日常工作中遇到的问题收集起来。此外，还可以询问一些资深的从业人员，请他们提供一些常见问题，把它们编成情境考题向应聘者提出。这种考题难度比较大，能够让所有应聘这个工作的人非常明确怎样做好将来可能要承担的工作。

通常情况下，我们建议如果是对经理或专业职务的面谈，一定要用情境仿真问题来测试，才能分出高下。

例如，要招聘营销部门经理，这个部门经理要负责一个区域的营销，面试官首先要确认应聘者本身有多少营销经验（见图 7-6）。

提问方式：

- 如果您接到一个客户电话，抱怨我们的产品使用不到一个月就出现故障了，他要求公司负责，请问您怎么回答他呢？如果您所负责的营销区域，竞争对手宣布产品降价一成，请问您的对策是什么？

图 7-6　面试官确认应聘营销部门经理者营销经验的提问方式

这些题目考查了两个方面的内容：一是应聘者的临场反应，二是应聘者处理问题的步骤流程。如果与公司目前的处理问题步骤流程不谋而合或者非常接近，表示他的思维方式与公司的思维方式接近，这样的员工对公司是有帮助的。

情景模拟考题主要的目的就是测验应聘者本身的反应能力与专业能力，反应能力与专业能力两者兼备的人才对公司的发展非常有利，所以部门经理或企业领导最好多积累一些情景模拟的问题。

整理面谈记录

面谈结束后，首先要统计整理面谈结果，然后对应聘者进行排序，写好记录，通知人力资源部门安排新人到岗的时间。应聘者中优秀的人选往往不仅应聘一家公司，许多公司都有可能录用他，所以通知要及时。另外，要做好排序工作，最适合的一个是正取，后面几个备取。这样，人力资源部门在录取通知的时候就会按顺序来处理（如表 7-1 所示）。

表 7-1 面试记录表

应聘职务		姓名	
面试目的		时间	
专业能力		知识面	
应变能力		思维能力	
亲和力(团队精神)		对公司的了解程度	
适合度		名次	

公司之所以要挑选最适合的人才，而不是最优秀的人才，是因为最优秀的人才不一定就是最适合部门工作的人员，这是面谈以后在选择时的关键。确认录用某人以后，就要做好迎接准备，让入选者对公司有个好印象。

本章小结

本章介绍的是招聘过程中最重要的一个环节——面谈的技巧。

首先，要确定面谈的对象。前一章已经介绍了审查简历的方法，本章简单介绍了确定面谈人数的3：1黄金比例。其次，面谈的准备工作，包括面谈对象的情况、面谈的目的、面谈的问题以及所需的时间等。其中重点举例介绍了面谈的问题，这是面谈的关键所在。最后，介绍了面谈的具体步骤，以及面谈结束后对面谈结果的整理工作应该注意的问题。

CHAPTER 8

在职培训的安排

- 新员工的前期培训
- 新员工的在职培训
- 如何建立在职培训体系

新员工的前期培训

1. 培训的必要性

对新员工进行前期培训是极为重要的。作为部门经理，招进一位新人是非常不容易的，当然要为新人尽一些责任。培训是新人进入企业时极为迫切的要求。然而，根据调查统计，有50%左右的国内企业并没有做岗前培训规划。在这种情况下，部门经理对自己部门新员工就要做好岗前培训设计，因为研究表明，一位新人到公司之后有一段危险期。这个危险期包含三个时段：第一天的感觉如何，一个星期之后感觉如何，一个月之后感觉如何。例如，第一天就常常会发生如下的情形（见图8-1）：

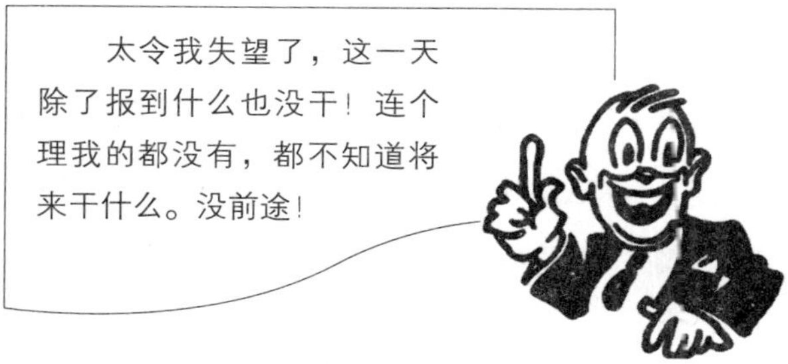

图8-1 新员工入职后的第一个“危险期”

如图 8-1 的情形并不少见，严重影响了新员工对公司的印象，甚至会动摇其继续在公司工作的愿望。对此，部门经理应该特别注意，最好要提前做一些准备。

2. 部门经理的准备工作

第一步，介绍新员工。

在新人入职前的一个工作日，部门经理要把新员工的基本资料拿出来向部门内部作介绍。新同事的背景资料和报到时间等基本情况可以让在职的同事先有所了解。

第二步，为新员工确定工作指导员。

确定新员工入职后的工作指导员，这是很重要的，也就是在部门内部给他找个“师傅”。必须指定一位资深人员辅导新员工，公司的情况、生活上的需求等都可以由指导员协助。

第三步，为新员工制定工作学习日程表。

要排出新员工第一周（最好是试用期甚至第一年的培训计划）的工作学习日程表。因为新员工一般是抱着非常高的期望到新公司的，期望能得到系统的学习机会，所以部门经理最好为他安排好一周的工作学习。例如，上午安排他参加公司的会议或由指导员带他去拜访客户，下午把上午的观察结果写成报告，然后与指导员或经理讨论，了解学习的进度和效果。如果第一周有比较集中而且完整的学习日程表，新员工心中就会感到非常踏实，觉得这是一个有制度、能够栽培新人的企业。

第四步，教会新员工与其他同事及时沟通。

新员工要有与部门其他同事及经理沟通的机会。应该让新员工在刚进公司的这段时间与部门同事或者工作上有联系的同事进行互动交流。一般而言，一周之后新员工对工作环境就会有大概的了解，可以安排他去见一下相关的合作部门的同事，让他了解将来工作与相关部门的配合状况。作为非人力资源经理，也应该安排与新员工面谈的时间，了解新员工一周以来的工作学习情况。此后，对新员工的工作就转入了在职培训阶段。

自检

一些企业在新员工前期培训方面采取的做法是：把员工集中在课堂上，给员工讲解一些企业的情况。这种做法常常流于形式，使得岗前培训的效果特别差。请问，如果遇到这种情况，你会怎么做？

答案

可以制作一个 PPT 或一个视频教程，把所有应该介绍的内容都容纳其中，作为员工入职以后拿到的第一份礼物。例如某公司的企业文化做得非常好，把公司的基本介绍、董事长的讲话，还有一些相关的文件编成一本书，书中配上可以获取相关内容的 PPT 或视频教程的二维码，新员工报到的时候就请员工带回去好好看。这样的方式比较节省时间。

可是怎么知道他有没有读呢？很简单，公司可以设计一个方法，告诉员工3天之后要参加考试，在网络上回答问题，答题之后可以立刻算出分数，不及格的要重看一遍。这样的指导方式在成本上也是比较节省的。

新员工的在职培训

1. 在职培训的含义和优点

在职培训就是部门经理在工作中直接对员二进行的培训活动。

因为在职培训是在工作中进行的培训，具有很强的针对性，所以有很多优点，具体如图 8-2 所示。

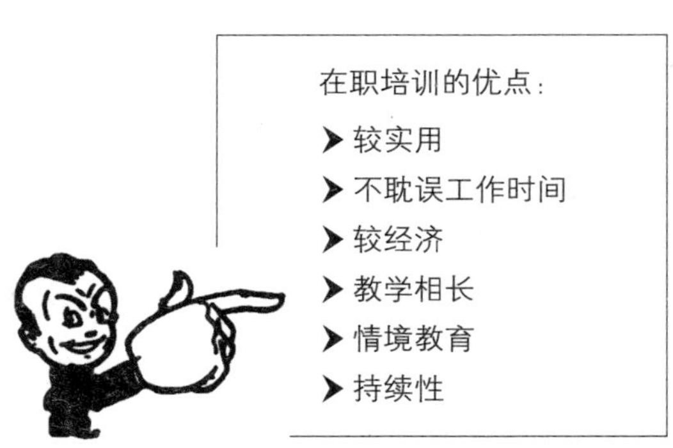

图 8-2　在职培训的优点

2. 选择合适的在职培训项目

进行在职培训设计之前，首先要确定哪些项目比较适合在职培训。一般情况下，适合在职培训的项目主要有以下三类。

第一，针对性强的项目。

针对性很强的项目，是指只有在本部门才会发生，别的部门很难发生的项目。这种情况是比较适合在职培训的，外部培训很难插手。

第二，需要大量补充知识的项目。

需要部门内部补充一些知识的项目，也可以放在在职培训中。如公司独特产品的培训，部门经理应该让部门的员工了解产品的构造与功能，以及销售这类产品的一些技巧。例如，现在国内手机市场上品种繁多，某公司只卖一种手机，营销经理就要掌握这种手机的独特之处，对营销人员进行在职培训。先让大家就目前公司生产的手机与市面上手机的差异性进行讨论，进而讨论能说服客户购买的方法。要把讨论的内容记录下来，会后整理出一个总结报告，此后培训时当作产品销售系列培训的重点内容。这样的讨论既是进行在职培训，又为以后的培训准备了资源。许多企业在职培训时留下的遗憾就是没有留下记录。

第三，完成周期较长的项目。

如果要学习的知识花的周期比较长，也有必要放在在职培训中。有的公司针对有些员工只要学完一门课程之后就跳槽的现象，在设计在职培训时间时，可以把培训课程分成两三年完成。这种方法是一些企业针对员工流动的情况，为避免员工学完一个阶段就离开而设计的。非人力资源部门的经理对部门的一些专业学习项目也可以采用这种方法，每一年度作为一个阶段，而且让员工清楚地知道每一年可以学到的知识。

如何建立在职培训体系

在职培训要注意整个体系和架构的设计安排。要做好在职培训，一定要确定谁是教导者。一般而言，最熟悉公司、最理解公司的应该是公司内部的员工，因此最好在公司内部建立培训体系。那么，应该怎样建立和规划在职培训体系呢？图 8-3 展示了具体步骤。

图 8-3　在职培训体系的建立

1. 提出各项职位需要的专业技能

要建立在职培训体系，必须先从企业的年度经营计划目标、核心专业能力两方面进行确认。由部门经理提出现在部门中各岗位需要的专业技能，如财务会计部门的成本管控、市场营销部门的对大客户的管理等，然后请人力资源部门针对这些需要进行整体规划。

2. 确定重点培训对象

一般的规划设计是以年度为单位确定所需课程的内容的。这就需要首先确定在职培训的核心部门或核心人员。因为资源有限，也许还有成本问题，所以在培训对象上要抓住重点。如某公司急需扩大市场的覆盖面，那么培养高效的营销人员就非常必要，因此营销人员的培训就变成了第一要务，企业的资源就要重点运用在营销人员的培训上。

3. 有关讲师的遴选

既然培训对象已经确定了，那么让谁来做培训师呢？是从公司内部人员中遴选，还是从外部聘请？从目前企业的培训情形来看，二者应该是相辅相成的。

先来看外部聘用。

公司内部可以胜任培训师一职的人才，必须通过一套机制慢慢挑选出来，花的时间相对较长。如果需马上对员工进行培训，那么最节省时间的方法还是外聘培训师，但讲解的深度和实用性可能不及从内部选拔的培训师。不过，如果能请公司退休的部门领导担任外聘讲师，就能弥补外聘讲师不熟悉企业经营状况的缺憾了。

再来看内部培养。

在公司内部寻找培训师时，可以对各位部门经理是否愿意担任讲师进行调查，逐渐找到比较好的可以在公司内部担任培训师的人才。另外，请公司的资深员工担任培训师，也是一种不错的选择。

因为有的课题肯定要进行在职培训，这些课程就变成公司的必修课程。例如，营销部门关于营销的技巧、客户抱怨的处理等课程都是营销体系在职培训的内容。如果这些课程有自己的培训师，就能为公司在这些方面的培训提供便利。

但是，要注意一点，即企业的成本效益问题，因为除非是颇具规模的公司，否则这种做法并不切合实际。

4. 培训课程的排序

对培训课程进行排序时，一定要把最急需的课程排在前面。部门经理要告诉人力资源部门哪些是行业的最新信息及部门急需的培训。

如果人力资源部门不熟悉部门业务类型，就很可能不太清楚最新的动态。譬如对于计算机技术，人力资源部门并不了解，这就需要由业务部门为人力资源部门提供信息，甚至业务部门需要亲自寻找培训师进行培训，人力资源部门只负责行政工作。所以，对在岗培训的安排，部门经理对信息的掌控是最重要的。

5. 怎样调动员工的学习意愿

怎样调动学习意愿，也是令很多部门经理非常头痛的事情。这也是建立培训体系的关键所在，因为员工的学习意愿决定着他的学习效果。这就要求部门经理在培训的过程中注意把握员工对于培训的认知程度。

首先要了解的是员工是否只将培训当作福利。

不要把培训只当作福利看待，其实它是一种投资。把培训当作福利是非常错误的观念。如果这种观念在为数众多的企业中流行，则是一种非常危险的信号。培训除了对员工有所帮助之外，对于企业的帮助也是显而易见，因为这种投资是双赢的：通过培训，员工的知识增长了；员工的知识在工作上发挥，公司就会获得较高的效率。所以，作为部门经理，要调动员工的培训意愿，不要只强调它是福利，而应该强调这是要胜任工作岗位必须要学习的知识能力，应该是责任与义务！

同时，为了巩固培训的成果，可以将培训与绩效考核挂钩，考核的时候要求员工的培训必须在他的工作上有所表现；还可以与员工的职业生涯规划紧密联系在一起，规定要从一般的员工提升为经理，必须学习一些课程，让一般员工非常清楚自己的发展途径，他们就会很认真地来看待这样的培训。

通过这样的设计，员工就会知道一年中有几个月是要学习的，也知道从何时开始学习。如此一来，员工就会很高兴地投入到公司组织的培训活动中去。

其次要了解的是员工是否认为培训可以自行决定参加或不参加。

当然，在培训中也会有一些比较遗憾的事情发生。有些员工因为工作过度忙碌无法参加公司安排的培训，这样培训的效果就会大打折扣。在职培训的目标是让员工的专业技能得到提高，一定要选择好上课的时间、对象，不能来上课的不要勉强，不需要每次培训都来很多人，那样效果并不好。符合需要的人来上课，他的学习意愿比较强，也能与老师和其他学习者做好互动。

作为部门经理，安排人员去接受在职培训，希望员工在培训回来之后能够在工作上有很好的表现，因此在整个设计流程中要帮助员工选择最好的、对他最有帮助的课程，整个体系要先从重点课程开始，然后再过渡到一般的课程。

假如你的公司在设计内部培训系统的时候，发现比较严重的问题仍然是经费问题。试问，如果遇到这样的情况，你认为应该怎么办?

答案

一般来说，除了外聘专业的培训师来上课之外，在内部编写的教材、日常积累的一些信息、数据或是经验都可以当作课程的教材。因此，在内部培训体系里，可以另外成立一个知识管理库，把过去积累的在工作中发生的所有问题、经验等都用文字写下来。知识管理库建立之后，一旦有需要，就可以从数据库里去寻找、设计培训的资料。

在职培训规划的弹性是很大的，成本是一件事情，但更重要的是要能达到应有的效果。让所有在职员工都很清楚，可以接受哪些培训，通过培训可以达到什么目标，让他们看得到未来，这是跟他们的前途连接在一起的，这样就可以一步一步地把岗位培训的内容架构建立起来。

本章小结

在职培训就是在工作中对员工进行的培训。这种培训方式有很多优点，但并非所有的培训都可以纳入在职培训的范围，因为在职培训是不能影响工作进度的。建立在职培训体系是部门经理的一个重要任务。一个培训体系主要包括三部分：培训师、培训内容和学习者。其中，培训师的来源有两个：企业内部或外聘。培训内容比较容易确定，因为对哪些人培训什么内容，部门经理是最熟悉的。然而，培训真正的关键则是对内部资源的整合利用以及对员工培训意愿的培养。

CHAPTER 9

在职培训的指导方法

- 在职培训的步骤
- 工作记录的培训与指导
- 集会学习
- 自我学习的激励
- 帮助员工建立培训体系

在职培训的步骤

身为部门经理，当然非常希望自己部门的员工能够通过在职培训的学习提高工作能力。本章主要介绍的就是在职培训的指导方法，首先要明确在职培训的一般步骤，具体如表 9-1 所示。

表 9-1　在职培训的一般步骤

步骤	内容
受训者学习工作的准备	· 使受训者放松 · 了解受训者对工作的认知程度 · 使受训者对工作产生兴趣并渴望学习
确认工作划分	· 确定组成整个工作的各个部分 · 确定要点或诀窍
作业及知识的演示	· 以告知、展示、举例说明及询问的方式解释新知识与作业 · 缓慢、清楚、完整及耐心地教导 · 核对、询问及重做 · 确认受训者已了解
执行测试	· 以实际执行工作来测试受训者 · 以why、how、when、where、what等问题询问受训者 · 直到受训者能胜任工作为止
追踪	· 让受训者独自工作 · 经常检查以确定受训者遵循教导

1. 受训者学习工作的准备

第一，使受训者放松。

员工是来学习的，必须激发他们的学习意愿，而绝对不要使学习变成他们的负担。很多企业的内部培训，往往一开始就给员工来个下马威，告诫说要考试，要与绩效考核挂钩等。受训者常常会感觉到压力很大。当然，用考试的方式来检测一下员工的学习状况也无可厚非，只是不宜给他们太大的压力，应该使他们心情放松。

第二，了解受训者对工作的认知程度。

要了解员工现在工作上哪些是已经知道而且比较清楚的部分，哪些是模糊不清甚至是未知的部分。要告诉员工，这些清楚的部分不是目前要加强的重点，要加强的重点是那些不清楚或未知的部分。

第三，保证培训和业务不冲突。

要保证整个培训与目前的日常业务工作不冲突。要让员工做好准备，努力学习，平衡好学习和工作时间。因为在企业内部培训的时候，很多员工往往会提出工作很忙，没办法参加。其实，这是在培训指导的时候没有交代清楚。既然现在要做在职培训，要求员工在这段时间来参加，就要把相关的事情安排好，或找到代理人，或提早完成，或延后完成。用于培训学习的时间应提前计划好。

2. 确认工作划分

要确认整个工作内容包含哪几个项目。

对工作内容做适当的划分，以便弄清楚要指导的重心放在哪里。

现在的工作项目可能有五六项，其中应该有轻重缓急，要把比较重要的课程排在前面。

3. 作业及知识的演示

众所周知有“学中做，做中学”的说法，意思是做工作的时候要亲自操作，不是在旁边看着，“学”中要“做”；当然在“做”的过程中偶尔会出点差错，可能需要指导，因此也要主动学。不管用什么方式进行在岗培训指导，一定要让员工树立这样的观念。教的过程要讲得非常清楚、完整，要有耐心，要求员工做到什么阶段，要加以核对，看是不是符合标准的作业流程。如果做得不好，就要求重做。

4. 执行测试

让员工知道要在“做中学，学中做”，真正的目的是让员工确实学会实际操作。在实际执行的时候可以用 why、how、when、where、what 等问题询问受训者。通过这样的问题测试员工的学习效果。一定要让员工完全学会才能结束。

5. 追踪

培训结束之后要做追踪工作。在职培训是要求员工能够独立工作，要通过定期核查（一般做法是在 3 ～ 6 个月内）的机制来确认是否学会了。可是，很多企业常常会忽略这一点。培训的效果才是我们真正追求的，应该引起足够的重视。

请根据以上步骤对本部门的员工的在职培训进行设计。

工作记录的培训与指导

工作记录对以后的培训指导非常有帮助。部门经理要留意对部门员工的日常工作记录加以积累，做好收集、统计工作。工作记录是最佳的传承工具。

案例

一家公司对营销人员的培训运用了一种很特别的方法，即给每位员工都准备工作记录手册。例如，员工B目前负责A客户，每次接洽之后，回到办公室必须把拜访的内容写在工作记录手册上。写完之后，要经过部门经理批示，确认客户的需求是什么，跟客户谈的是什么内容，彼此对对方的要求有什么响应等。这些都写在工作记录手册上，然后进行归纳整理。下次再去拜访，再回来填写工作记录手册。工作记录手册会慢慢积累起来。

工作记录手册的功能在于，如果营销人员 B 离职了（这是很多企业非常担心的事情，担心他把客户带走，或者他走了以后，新员工很难很快接手），这家公司就能够很容易地指导营销人员 C 来接待 A 客户。营销人员 C 只要花三天时间把记载 A 客户相关资料的工作记录手册全部读完，就能很快融入到工作中去了。

在这个案例中，工作记录手册成为传承的工具，也正是培训的一部分（如图 9-2 所示）。现在还可以直接把这些记录放在网络上，让大家搜寻相关的问题，学习前人的经验，避免以后犯错误，这是非常好的方法。部门经理或资深人员其实都是重要的资源，要把他们的经验传播开来，让其他员工能够很快提高。经验传承在在职培训的指导方法中扮演着非常重要的角色。部门经理最好能把本部门所有这样的内容积累起来并分类整理，让相关部门保管好。

现在因为网络社群发达，可以再强化“部门微信群”“专业沟通分享讨论区”的设置，更能发挥自我学习的最佳培训效果！

表 9-2　营销人员工作记录卡

____年___月___日

营销人员姓名		客户姓名	
洽谈内容			
客户需求或需要			
我方反馈			
经理意见	（签字） 年　　月　　日		

集会学习

1. 案例讨论的学习

集会学习可以通过公司部门的会议，以案例讨论的方式作为学习的方法。例如本月部门遇到了一个难以解决的问题，部门经理在部门会议上提出所遇到的难题，让大家共同讨论，避免下次再犯同样的错误，也避免将来遇到同样问题的时候不知所措。

2. 培训课程的共享学习

派员工参加公司举办的各项相关的培训课程，培训结束之后，让参加培训的员工把所学到的知识转化为部门内部共享的知识，这也是非常重要的。

这种知识的转化也要通过集会实现。一般的做法是：部门经理派一名员工参加公司的在职培训，培训的讲义必须复印一份，留在部门的知识管理库里。参加培训的员工应将所学的知识向部门汇报，或者另外开小课，向部门其他员工做报告，这也必须通过集会进行。这种知识共享或是互动让参加培训的员工有一定压力，必须集中精力认真听讲，这也无形中让参加培训的员工有了学习的动力。

3. 设计部门学习日成就学习型组织

我曾协助客户在每月最后一周最后一个工作日的最后一段上班时间（14:00 ～ 16:00）建立部门的“学习日”的制度。由部门员工轮流担任主讲人，与其他同事分享自己的学习心得，或新知分享，并且每次都由其他同事给予评分，给予鼓励或批评。

自我学习的激励

学习一般可以分成三种：在校学习、在社会和企业学习与自我学习。相比较而言，在校学习是为了获得学位、学历，增加自己进入社会的“资本”；在社会和企业学习是为了不断成长，获得提升的机会；而自我学习则是自己有学习的意愿，这是一种层次比较高的学习。部门经理有责任提醒员工，并以身作则，带领部门走向自我学习。鼓励员工自我学习一般有三种方式（见图 9-1）。

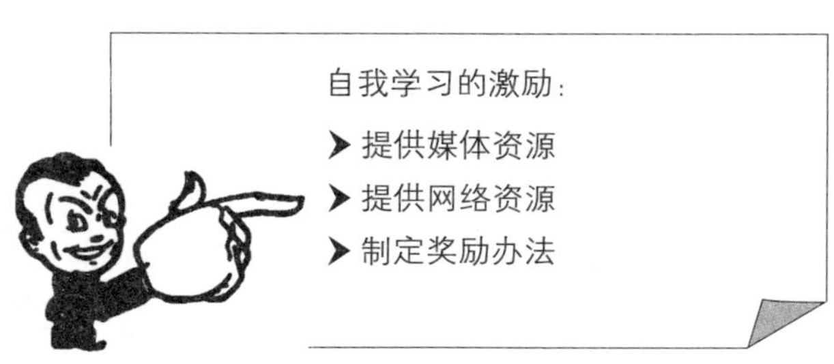

图 9-1　自我学习激励的三种方式

1. 提供媒体资源

部门经理可以把一些自我学习的工具提供给员工参考。学习工具有很多，可以把目前与部门专业有关的，在市场上能够找到的报纸、专业杂志列一张清单，当作学习依循的目标和数据的来源。

2. 提供网络资源

除了报纸、杂志之外，更为便捷的是网络。不论是国内网站，还是国外网站，都挑选出来。网络的信息量比较大，网上与专业相关的信息都可以作为部门员工学习的内容。在网上可以得到最新的信息，找到与专业有关的讨论区，能从中学到不少东西。另外，员工还可以通过智能手机上的 App 市集，选择跟本身专业有关知识连接的 App，随时学习。

3. 制定奖励办法

更能够激励员工的，就是在部门内部设立奖励或奖章等荣誉，例如质量方面的奖项，可以命名为“质量标兵”。要让员工觉得这是自己努力的目标，只有学习才能不断成长。这些都可以列出来提供给员工，让员工知道自我学习的结果，让员工明白有机会发展到哪一阶段。

帮助员工建立培训体系

不管是报刊、杂志，还是网络或荣誉之类，都是给员工一个目标和方向。部门经理如果能够进一步帮助部门员工建立自己的培训体系，员工将会非常感动，并且会怀着一颗感恩之心为部门以及公司创造更优秀的业绩。

不过，在帮助员工建立培训体系的过程中，部门经理还需要注意图 9-2 中的几个问题。

帮助员工建立培训体系：

- 以熟悉自身业务为主
- 以熟悉与工作上下有关系的学问为主
- 以教导新人及相关管理课程为主

图 9-2　帮助员工建立培训体系需注意的三大问题

1. 以熟悉自身业务为主

通常情况下，第一年培训的重点就是让新进员工熟悉自身的业务。首先要对自己的所有业务有非常深入的了解，这是第一年的学习培训体系目标。

2. 以熟悉与工作上下有关系的学问为主

熟悉了自己的本职工作以后，第二年到第三年就需要往外扩充，其中最直接的是与上下游的互动关系，即熟悉其对接的上下两个环节的工作。这种学习也是增加其将来升迁或轮调的机会的前奏曲。一般而言，第二年或第三年员工可以跳出原有的工作范围，视野也更加广阔。

3. 以教导新人及相关管理课程为主

第四年或第五年，员工的自我培训体系的重点有两个：一是可以变成教导新人的培训人员；二是如果在两三年之内已经非常了解部门内部各专业领域的信息，可以将其升迁为经理级的管理人员，也就是说，此后需要对其进行管理者的培训。他需要转调到新的职务，接受新的职务培训。

作为部门经理的你已经懂得如何协助员工建立自己的培训体系，员工的发展应该是与企业同步发展的。请问你怎样看待二者的结合问题？在协助员工建立培训体系的时候又如何处理这二者的关系？

答案

协助员工建立自己的培训体系，还要跟公司的培训体系结合起来。从培训的角度来讲，公司的发展跟员工的职业生涯发展是紧密结合、同步前进的。这也是使公司整体与储备人才结合起来最好的方法。

例如，加入WTO以后国内企业有很多地方要跟国际接轨，在语言方面的接轨就非常重要。因此，语言的培训在公司里就变成非常重要的在职培训项目，有些公司甚至要求必须达到相应的托福考试的分数线。否则，企业要实现国际化发展，就成了一纸空文。

公司里有晋升的问题，要求升迁为公司经理或高级经理的人一定要有海外工作经验。因此应该将员工的培训和企业的前程结合在一起，要求员工必须把外语学好，必须要有在海外工作的经验，这样才有可能成为公司的高级领导。

本章小结

作为非人力资源的部门经理，责任非常重大：一方面希望本部门员工能够不断增值；另一方面，不能辜负公司在自己成长过程中的殷切期望。希望你能够在这样一个循序渐进的过程中，从工作记录，到各种集会学习，再到自我学习的激励，帮助员工建立自己的培训体系，从不同的方面带给员工不断的满足，实现学习愿望和职业生涯规划。从会学习的一群人成为一个会学习的组织，这个组织对外界的挑战就不会有任何的惧怕，成功的机会也就更高。

CHAPTER 10

如何做好绩效评估

- 与员工共同订立目标
- 确认目标顺序及可行性
- 部门经理与人力资源部门的配合
- 制定部门目标应注意的问题
- 360度考核法

与员工共同订立目标

绩效考评应依目标管理的精神，采取“开发”方式，按照合理程序施行，注意过程评估，以促使“目标—执行—考评—奖惩”能结合为一体。

1. 部门经理在绩效考评中的职责

第一，部门绩效考评结果就是部门经理绩效考评结果。

所有企业的绩效评估的前提是必须确认一个可以依循的目标。现在国内很多企业要求对绩效考评有比较明确的设计。从管理角度来看，从目标设定到执行，到执行之后的考评奖惩，再到整个绩效考评的设计规划，部门经理扮演的角色是非常重要的。因为部门的绩效实际上就是部门经理的绩效，部门整体的考评结果，就等于部门经理的考评结果。如果能够认识到这一点，在绩效评估的过程中，部门经理就会清楚要做哪些事情。具体如图 10-1 所示。

图 10-1　绩效考评设计

第二，目标设定要求部门经理和员工相结合。

事实上，企业的各项管理围绕的中心就在于绩效考评。企业制定了许多文件、规章制度，但缺乏执行力度，没有落实到部门真正地执行，就会出现绩效不佳的结果。所以，身为一个部门的管理者，有责任执行好公司的规章制度，完成好自己设定的目标。

不论是财务部门经理，还是营销部门经理或市场企划经理，都应承担自己的责任。公司把带领这个部门的职责给了部门经理，部门经理也要对本部门的员工负责任，要让他们的工作符合公司的总目标。因此，这一目标的设定就变成了部门经理职责与员工的工作结合起来，使之确实有效，具有很强的可行性。

2. 层层制定工作目标

先来看工作目标制定流程。

目标的需求是从上而下的，也就是要从公司的年度经营总目标开始展开。例如，2014 年要实现的营业额大概是多少，要获得的利润有多少，2014 年可能要开发的新市场在哪里等，先形成企业的总体目标。然后，总目标要下达到各个部门，每个部门经理都是完成总目标不可缺少的动力，部门经理要知道本部门工作在总体目标中占多少份额，或者开发市场时必须扮演什么角色，哪怕与自己没有直接关系，也不能扯后腿，也要全力支持相关部门，达到他们的目标。部门目标再往下分到每个部门员工。企业的每一级员工都有责任促成公司总目标实现，具体如图 10-2 所示。

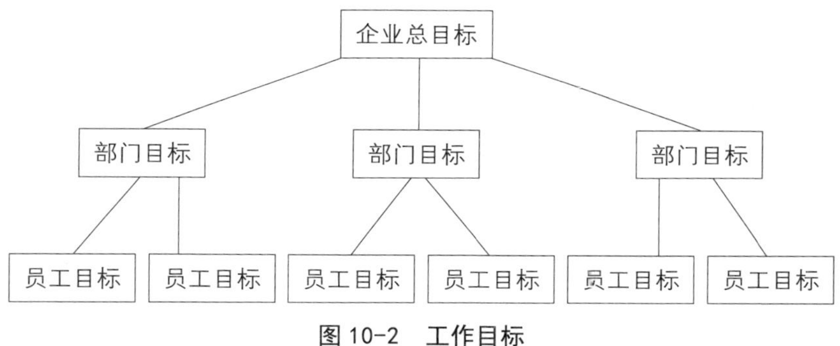

图 10-2　工作目标

再来看如何帮助员工设定目标。

企业绩效评估的标准制定其实并不复杂，其顺序依次是总目标确定、部门目标确定、员工各自依照本身的情况来决定当年的目标。其中，只有员工个人的目标是可以调整的，因为每个部门只有一个部门目标，不存在差异性，而不同的员工其个人目标是有差异的。所以，在这种情况下，部门目标确定之后，比较困难的反而是每一个员工的目标设定。

员工目标的设定是要按照员工本身的条件而定的，部门经理的职责就是帮助员工把目标设定清楚。首先，要分析每一位员工现在的客观条件，包括他本身的专业能力、学历、经验以及工作态度等；

其次，考虑需要给他的支持和培训。这些也就决定了每个员工各自的目标和规划方向。

3. 控制工作进度

帮助部门员工制定了各自的目标之后，要注意把众人的力量集结起来，以完成部门目标。部门经理应该激励员工，提升他们的士气。只有每个人的目标实现了，部门目标也实现了，公司的总目标才能实现。所以，目标的设定是自上而下的，目标的实现则是自下而上的。

目标确定之后，部门经理还要注意工作的进度，因为年度目标总有期限，需要在某个时间点截止。不管是季度评估、半年评估，还是一年评估，控制整个进度的工作都是部门经理必须要做的。

在这里，介绍一种我在咨询辅导中常用的追踪进度的方法——三明治会议记录追踪法。

所谓三明治会议记录追踪法，就是指凡是工作计划与落地执行必须靠不断滚动循环的严格追踪记录，让一切摊在阳光下检视！所以，在使用此种方法的时候，使用者必须记住：凡是会议一定要记录。会议记录主要由以下几部分构成。

第一，上次会议的执行情况。确实掌握从上次会议结束后到今天开会这段时间的工作状况，如是否完成，有哪些问题，问题出现的原因，需要支持的项目等。

第二，本次会议讨论的内容。针对第一部分的内容，开始做内部沟通，寻求解决方案，并调整接下来的工作方针。

第三，本次会议的工作分配情况。根据第二部分调整后的最新工作任务，进行未来一个月的工作分配。切记，要将具体项目的负责人、完成期限、标准要求都进行明白切实的规定。此外，还可以根据实际情况请负责人签下“军令状”，并把会议记录打印出来，贴在部门公告栏内，以起到心理上的提示作用。

当然，做业绩评估最终目的是为了检视并提升公司的经营能力。部门经理需要做的是运用各种方法将这一目标明确化、具体化，使其具有可操作性。

确认目标顺序及可行性

1．目标的确定

确定目标是做出成绩的重要前提。不论是部门目标，还是个人目标的设定都不要太复杂，项目不要太多。一般的实务操作上是以六个目标为上限，因为目标多了，注意的焦点就会分散。专注于几个真正的重点目标，既比较容易完成，又能够做出成绩。

公司要求的绩效目标可能有很多项目，分配在每个部门的几项要先明确。例如产品企划部门是设计产品的，产品设计的目的是生产新产品，然后在市场上才有新产品营业额的提升，跟公司的既有产品其实没有直接关系。新产品企划部门经理对部门目标可能的重心就是要看公司对有关新产品预计的营销额大概是多少，获利的状况如何等，这些才是他的职责目标。

2. 目标的顺序

确定目标项目之后，接下来要注意几项目标的先后顺序。要确认在这些目标项目中，到底哪些更为重要，哪些要最先完成。

3. 目标的可行性

要特别注意的是，目标一定要有可行性。虚幻的目标会让员工们迷惑不解，进而影响其工作效率。具有可行性，才能让目标实现的概率提高。作为部门经理，在判断自己所设定的目标的时候，一定要对市场进行调查，甚至对同业竞争的优劣点都要做好分析。做好这些工作之后，才能确定这个目标是不是有可能达成，会不会是虚幻的目标。

有些企业很喜欢制定“第一大”的目标，却没有非常清楚地了解目前的市场情形。应该对于自己的机会和拥有的资源要做出客观的决断，而不是盲目自大。要务实，实实在在看清楚公司的目标是什么，部门的目标是什么。不能只定一个高标准，还要有可行性。

到底可行性达到多少才可以呢？一般来讲，营销部门只要有50% 的可行性就可以了。但是，生产目标就比较难定。这是因为，生产目标会涉及整个公司的产值和机器的状况。公司要订立可行性目标，就必须要达到 70% 左右的可行性才比较有把握。这是在研究实务得出的一个结论。目标的设定可行性如果很高，一方面可以激励员工的士气，提高工作积极性，另一方面对公司来讲也比较容易实现。

部门经理与人力资源部门的配合

绩效评估有很多的事情是人力资源部门安排的，身为部门经理其实是要配合人力资源部门进行绩效评估。

1. 部门目标的设定

部门目标设定的方法实际上只有部门经理最了解，人力资源部门只不过提供一些工具，让部门经理得到部门的业绩指标或者相关的评估标准，或是要达到这个标准设置的项目。除了人力资源部门提供的工具之外，市场上也有很多绩效评估的方法，部门经理只要注意市场情况和目标的可行性就可以了。

2. 绩效评估表的设计及项目的规划

关于绩效评估表的设计或是项目的规划，人力资源部门与非人力资源部门经理应认真协商。

先来看如何制定绩效考核表。

过去设计的考核表有一个很大的缺点，即人力资源部门制定的绩效考核表不一定符合企业各个部门的需求。很多人把填写绩效评估表当作一件苦差事，这就背离了绩效评估的初衷。

如果在绩效评估表里只设了 6 个目标，重点目标占所有考评分数的 80% 以上，其他占 20%，包括工作态度等一些很难量化的项目，这些可以用观察记录分析方式进行考查，但不是重点。所以，在制定考核表的时候，部门经理与人力资源部门讨论的时候可以提出自己认为的重点和顺序排列，然后把评分标准制定出来就可以了。表 10-1 即是员工项目考核表的一个参考。人力资源部门自行制定的厚厚的一叠考核表实际上没有意义，这是一个误区。简化的常常是可行的，越复杂越容易流于形式。

除了做好绩效考核表的制定工作，做好绩效考评的心理建设也是非常必要的。

很多企业对于绩效考评的心理建设没有做好，没有明确绩效考评究竟是由公司各业务部门主导，还是由人力资源部门主导。整个行政流程作业由人力资源部门来主导，整个绩效评估的内容由部门经理做主导，这是一个比较好的方法。但目前很多企业都是人力资源部门在全盘操作绩效管理，应作适当调整，出现这种情况的原因在于部门经理对人力资源的工作还没有深入的了解。

表 10-1　员工项目考核表

编号：　　　　　　　任职人：　　　　　　　　年　　月　　日

考核项目	考核要素	考核内容	标准分	加、扣分		
				自评	考核小组	考核得分
职业道德（20分）	忠于职守	热爱本岗位工作	4			
	工作素质	热爱集体，尊重领导，配合支持工作	4			
	团结精神	关心他人，团结协作	4			
	业务学习	钻研业务，勤奋好学，要求上进	4			
	服务态度	对内、外客户服务周到、热情	4			
工作态度（20分）	遵守制度	遵守公司规章制度	4			
	出勤情况	全勤	4			
	工作积极性	对高标准做好职务范围内的工作的热情	4			
	工作责任心	完成本职工作的持续性和责任心	4			
	工作协调性	与同事、上司合作的情况	4			
工作成果（42分）	完成任务	是否完成计划任务	10			
	成本意识	努力减少时间和物质损失	8			
	创新能力	提出改进工作的建议	10			
	特殊成果	给公司在某方面解决重大问题	10			
	培养人才	参加培训或对他人进行培训	4			

（续表）

考核项目	考核要素	考核内容	标准分	加、扣分		
				自评	考核小组	考核得分
其他管理（18分）	能源管理	节约能源（水、电等）	3			
	设备管理	爱护设备，保养较好	3			
	财务管理	节约开支，遵守财务制度	3			
	物资管理	按计划领用物资，不浪费	3			
	安全防火	安全防火意识强，无意外发生	3			
	卫生保持	个人卫生保持情况	3			
总计			100			

最后，要运用资源来达成绩效目标。

运用资源来达成绩效目标是部门经理可以做到的。部门经理做绩效管理的表格或者评估的时候，所有项目及目标达成的百分比要尽可能量化，这样执行时会比较公平；如果不量化，很多人就会以为是凭印象或个人的主观判断做决定。

绩效管理是累积性的，平常就应该收集相关的资料，在年底结算的时候，只不过是把过去的数据做一个整合，得出公平的评分，不要等到最后打一个印象分数。

在规划绩效评估的时候，如果企业的总目标有变动，部门目标也要随之变化，员工的个别目标也要相应变动，这是从上到下、一以贯之的。

制定部门目标应注意的问题

制定部门目标时应注意以下三个问题（见图 10-3）：

1. 重结果，还是重过程

部门经理除了带领部门员工圆满地实现部门目标之外，还需确保绩效评估的过程也应该合乎规范。美国“安然事件”就是由于单纯注重结果才发生的。从表面上看，安然公司的报表清晰完好，但具体经营过程中却出现了偏差。

制定部门目标应该注意的问题：

- 重结果，还是重过程
- 重员工认同，还是重经理认同
- 重团队队精神，还是重个人表现

图 10-3　制定部门目标应该注意的三个问题

从绩效管理角度来讲，如果对象是高层管理者或是一把手，更要注意！因为只看结果有时候是很危险的。要注意整个过程是否符合公司的利益或道德规范，部门经理在进行绩效评估的时候，也要注意过程中的正当性，不能只注重结果。

2. 重员工认同，还是重经理认同

要让员工对部门的绩效目标有很强烈的认同感，要让员工深深地认识到绩效的设定是他可以达成的，这是部门经理要做的激励工作。员工要达到目标，可能会有些障碍，可能会遇到一些困难，必须由部门经理适当地给予协助。

在很多企业中，员工目标的达成是个比较敏感的话题。很多员工会把目标达成与加薪联系起来，即绩效完成之后是否有其他的奖励措施。在这方面，部门经理知道的并不多，可能只有人力资源部门才知道，但部门经理可以提出建议，而不宜直接向员工承诺。这一点要特别注意，因为整个评价结果在公司是要通盘考虑的，不能为了某一部门却不顾整体。

3. 重团队精神，还是重个人表现

部门绩效的考评是希望部门整体有一个良好的表现，所以注重团队精神的培养，不一定需要超级明星，而是希望有超级团队。在做绩效规划的时候，部门经理不能只培养一个非常优秀的明星。如果只有明星员工，而整个部门没有达到公司设定的目标，这样的结

果是毫无意义的。所以，身为部门经理，绩效评估的重心就应该放在部门绩效上，而不是培养明星员工上。

毕竟，只有各部门的绩效综合起来，才会有企业的整体绩效。企业发展了，然后才会有调薪升迁的人事决策。企业的发展与员工个人的发展是相辅相成的，谁也离不开谁。部门经理在整个绩效结果出来之后，要跟员工做好沟通工作。

360度考核法

1. 含义

目前，国内企业用于绩效考核的方法有很多，其中有一种方法被称为360度考核法，如图10-4所示。

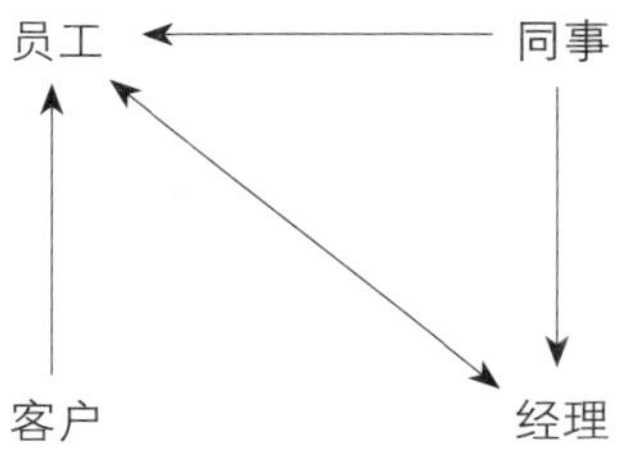

图10-4　360度考核法

由于每个员工都要接受来自客户、经理、同事三方面的考核，再加上部门员工对经理的考核，故称之为360度考核法。

2. 注意事项

第一，考核要注意循序渐进。

360度考核法虽然是国际通行标准，但毕竟是舶来品，是否适合企业直接照搬需要从企业实际情况出发，以免出现“水土不服”。要采取循序渐进的原则，因为现实情况是很难“一口就吃成个胖子”的，见图10-5所示。

俗话说“一口吃不成个胖子”，在绩效管理方面，部门经理也不可着急。

图10-5 部门经理在绩效管理方面不可急于求成

如果公司还不能做好“经理—员工”的90度考核，就不要急于求成。等大家对当前的操作非常熟悉之后，才能够再加另外的90度或180度。

第二，考核时要注意客观标准明确化。

由于很多人喜欢做老好人，不愿意得罪人，绩效考核在很多企业中难以收到良好的效果，所以客观标准的明确化是一个非常重要的关键。一定要有客观的量化指标，才有公正客观的绩效考核。

在众多的绩效管理中，最难的就是行政管理人员的绩效考核，原因在于行政人员的考核很难有量化的指标。那么，行政人员的评估应该怎么做呢？

答案

首先，行政人员的量化指标可以根据其工作项目内容的准确度来定。即从质量上来讲，把它定义为准确度，按照流程规范就是100%，如果其中出现问题，分数就下降了，所以是以达标率（达成流程的正确性）当作指标，满分是100分，以百分位为计算标准。另外就是时效，是时间的掌控度。时间掌控度也是对行政人员的要求，必须在一定的时间之内完成应该完成的任务。把这两方面当作行政人员必须要达到的绩效指标。

对行政人员还有一个比较特别的要求，就是行政人员与非行政人员之间的互动也当作绩效指标的组成部分。有人曾在一家企业做过研究，把行政部门的奖金与公司员工满意度的调查报告相联系。行政服务体系的人员必须接受他所服务客户的考验，即由其他各部门的同事依据客户的反映给行政人员打分。

本章小结

绩效管理的核心问题是各项目目标的制定。目标就是一个标准，订立了目标也就订立了绩效考核的标准。对于部门经理来讲，目标制定的关键是协助每位员工制定他们的个人目标。由于个人的差异性，每位员工在制定各自的目标时都要根据各自的具体情况而有所不同。不论哪一级目标，在制定时都应该根据事情的轻重缓急确定执行的顺序，并保证其可行性。

CHAPTER 11

公平薪酬的建立

- 搜集提供数据
- 建立部门内部公平
- 奖金的设计技巧

搜集提供数据

薪酬设计是人力资源管理方面非常专业的知识，薪资结构状况本身比较复杂，或跟法律有关，或与国家政策相关，而部门经理要重视的只是对于部门员工来讲薪酬状况是否在外部有竞争力或是公平，是否会造成部门员工的不满及流失。

部门经理的薪酬工作其实只有两个方面：对上级要搜集提供数据，对下级要建立部门内部的薪资公平。

1. 部门经理只有建议权

部门经理要搜集市场上最新最重要的资料，把市场上同行业薪酬水平的情况提供给人力资源部门或公司领导。

薪酬政策是由公司来决定的，部门经理只有建议权，没有决定权，这是部门经理薪酬工作的前提。部门经理在薪酬方面只能给公司提供强有说服力的材料，绝不能强人所难，因为这里牵涉到公司整体薪资政策的规划。

公司对于员工的薪酬在整个地区，例如北京、上海、广州等地，达到什么水平要有个全盘规划。或是在同行业中占前十名，或是中等偏上就可以了，这些都取决于公司的薪酬政策。只有首先确认了公司的薪酬政策，部门经理或人力资源部门经理才能够从这个角度来理解企业的薪酬政策。

案例

美国花旗银行的薪酬政策是要求在同行业中不得落于三名以外，因为它要把最优秀的人才网罗到旗下。这个薪酬政策制定出来之后，经过市场调查，如果发现名次在下降，或薪酬状况已经落于三名以外了，花旗银行便会立刻做出很多调薪的举措。这正是花旗银行久盛不衰的秘诀之一。

2. 资料搜集的准确度与及时性

部门经理提供的虽然只是一个参考值，但也必须准确。企业经营者或人力资源管理者的体会可能与部门经理的不太一样，因为部门员工由部门经理直接领导，如果人员流失的情况比较严重，就会立刻产生很多不便和困扰。因此，部门经理就要扮演数据搜集者的角色，了解当前市场的状况，尽早通知人力资源部门可能会出现的现象，以便人力资源部经理或企业经营者立即采取相应的措施，从而避免人员大量流失。

由此可见，要制定一个公平的薪酬制度，真正了解市场行情的应该是部门经理。

某企业原来是帮助某国际知名品牌在我国进行采购的。但是，某国际知名品牌1996年进入中国市场并自己成立了一个采购中心，当时就直接从这家公司挖走了很多员工。不管这件事是否涉及道德标准，但是从薪酬政策来看，某国际知名品牌的采购中心是以3倍的高薪把人才挖走的。高薪的诱惑力由此可见一斑。

其实，这家公司的部门经理在半年之前就已经向人力资源经理反映了此情况，要求他注意可能产生的人才流失风暴。但可能由于在搜集的数据中一些信息不是很有说服力，市场调查得到的消息准确性不高，故而没有引起足够的重视。

3. 了解部门员工因薪酬离职的比例

部门经理还需掌握，本部门内部员工有多少是因为薪资原因离职的。这要通过与部门员工的谈话来了解。当一位员工提出辞职的时候，他可能会编造离职的理由，但这并不重要，关键是部门经理要察觉到目前公司这个职位的薪酬吸引力是否已经不足，员工离职很可能跟薪酬有相当大的关系。

在薪酬方面，部门经理能做的其实是非常有限的。如果能够搜集并及时提供准确而有说服力的数据证据，并预见到可能出现的严重后果，提醒有关部门和领导及早做好准备，这样的部门经理就是非常出色的。

你所在的部门目前的薪酬状况是否合理？对照表 11-1 所列项目，对市场和企业内部展开调查，并根据调查结果向人力资源部门或公司领导提出建议。

表 11-1　薪资调查建议表

<table>
<tr><th>专案</th><th colspan="2">职务</th><th>薪资范围</th><th>员工流动情况</th></tr>
<tr><td rowspan="5">本部门情况</td><td colspan="2"></td><td></td><td></td></tr>
<tr><td colspan="2"></td><td></td><td></td></tr>
<tr><td colspan="2"></td><td></td><td></td></tr>
<tr><td colspan="2"></td><td></td><td></td></tr>
<tr><td colspan="2">平均：</td><td></td><td></td></tr>
<tr><td rowspan="6">市场行情</td><td rowspan="2">上等</td><td>一般情况</td><td></td><td></td></tr>
<tr><td>代表企业</td><td></td><td></td></tr>
<tr><td rowspan="2">中等</td><td>一般情况</td><td></td><td></td></tr>
<tr><td>代表企业</td><td></td><td></td></tr>
<tr><td rowspan="2">低等</td><td>一般情况</td><td></td><td></td></tr>
<tr><td>代表企业</td><td></td><td></td></tr>
<tr><td>薪资建议</td><td colspan="4"></td></tr>
</table>

建立部门内部公平

如何建立部门内部公平？有四大要点需要注意（见图 11-1）。

建立部门内部公平：

➤ 树立成本观念

➤ 制定能力薪酬

➤ 调节时间差

➤ 公平调薪

图 11-1　如何建立部门内部公平

1. 树立成本观念

部门经理有权知道本部门员工的薪酬内容，这是必要的。因为知道了部门员工的薪酬，就会比较清楚薪酬的合理性，这样有利于将来在招聘新人的时候或对现有员工进行提升的时候，在薪酬方面提出合理化的建议。

了解了本部门所有员工的薪酬水平，就有理由对员工提一些要求，因为他拿了这份薪水，就应该奉献出值得领这份薪水的能力，这是很重要的。因为薪酬是每个部门的固定成本，也就是每个月必须要付出的代价，身为部门经理要有成本的概念，这样才能够在内部建立一个公平合理的薪资架构。

2. 制定能力薪酬

一般来说，资深员工的薪酬往往会比工作年限不长的员工多一些，但现在新的薪酬思维是能力薪酬，也就是能力决定薪酬，工龄在薪酬的决定项目中所占的百分比已经下降了。部门经理也要树立能力薪酬的观念，以便将来在内部从事薪酬规划时用正确的观念作指导。

部门经理要深入观察部门资深员工现在所负担的工作责任、所做的工作量是不是符合他现在的薪酬。如果发现有些员工倚老卖老，工作不太认真，经常把一些工作推诿给新人去做，就要采取一定的措施，在薪酬和人事制度上进行内部的公平性规划。要让同事和部门员工明白，在部门里面什么是合理公平的薪酬给付标准，如今是以个人能力和对企业的贡献作为衡量标准，工龄占的百分比越来越少了，如图 11-2 所示。

统计结果显示，目前工龄工资在薪酬中只占到10%左右，80%、90%以上则以个人的能力和贡献来衡量。

图 11-2　能力薪酬在薪酬给付标准的比重越来越重

如果所有的成员都了解、认同并接受能力薪酬的观念，那么在薪酬方面就会产生比较正确的想法，知道要想得到比较高的薪酬，他必须怎样去努力，这样才能建立起内部公平。

3. 调节时间差

目前，许多企业常常会有这样的现象：可能前两年薪酬水平没有现在的薪酬水平高，故而前几年进来的员工的薪酬标准可能比现在新进来的员工还低。这就会产生内部的不公平现象。部门经理要保证内部的公平性，有两个方法可以解决这种问题。

第一个是老员工调薪补偿。

老员工原来的起薪比较低，所以在调薪的时候就应该得到适当的补偿，也就是使之回归于比较正常的水平，这是第一个比较简单的方法。如果资深员工发现调薪的时候大部分仍以原来的薪酬为基础，与现在的新员工相比，肯定会产生不平衡的感觉。因此，在调薪的时候一定要让资深员工得到一定的回馈。

第二个是新员工减少调薪。

由于外界行情的关系，新员工可能起薪高了一些。但还要考虑一段时间以来他的表现，然后才能决定他的调薪幅度。

因此，如果新员工的薪水竟然比老员工还高，就会产生很多矛盾，部门经理在下一次调薪的过程中要做通盘考虑，避免两者之间的距离越拉越大，尽量减小内部的不公平现象。

4. 公平调薪

调薪是非常敏感的话题。目前很多企业的调薪会产生“假平等”的现象，就是每个人都调同样的幅度，这是不正常的。因为如果从绩效评估的角度看，企业每一个部门的绩效表现可能都不太相同。如果绩效决定薪酬，调薪的部分也应该让每个部门有所不同，甚至在部门内部每个员工的调薪也可以不同。

假如公司决定 2022 年的调薪幅度是 5%，这是平均数，但是分配到部门和各个员工身上就会有所不同。5% 是平均值，上下差距最高就可以达到 0%～10%，有些部门或员工甚至可能减薪。这样的设计会使企业的管理者或经营者获得较大的弹性空间，就不再是“假平等”的方式了。有的部门绩效特别好，可能达到 8% 的调薪幅度，有的部门绩效特别差，可能只有 2%，甚至完全不调。

其实也不用担心，没有调或调 8% 或调部门的平均值，到了部门内部，又会变成平均工资的弹性化。这样的方式就给了部门经理一个激励员工的筹码，而且也容易达到真正的公平，而非假公平。

奖金的设计技巧

在大多数企业中，奖金是非常有效的激励手段。然而，奖金到底怎样设计才能发挥应有的作用？其中却包含着许多技巧。

1. 一般奖金的设计

一般的日常奖金，例如月或季度奖金，与员工本身效率的提升和部门的绩效相关。在每月或每季度做绩效评估时，如果员工的贡献较大，整个部门的绩效也会有比较大的提高，员工得到的奖金相应的就多。如果设计的是项目奖金，就与项目是否达到期待的标准密切相关了。

不管是营销额的提成设计，还是项目完成之后固定金额的奖励设计，与调薪千万不要混在一起。部门经理应该清楚调薪属于长期的成本负担，奖金则是一次性的作业处理。如果某些项目或激励可以用资金实现，尽量用一次性的奖金来做，这样不会加重企业的负担；如果出于长期的考虑或与员工升迁相关，则可以用调薪的方式。

2. 业绩奖金的设计

一般奖金的设计都与业绩相关。业绩奖金设计时需要注意的地方很多，本章特别提出以下三点，请部门经理在设计业绩奖金时注意。

第一，明确业绩达标率。

达标率是一个很好的客观标准，如果规定业绩的达标率在 95% 以上才可以拿到一定的季度奖金，那么 95% 就是要求的达标率。但是，达标率在 95% 以上还要分出几个等级，对每个等级的奖励情况还要定义得非常清楚。

第二，注意与其他部门的配合。

奖励设计还应该考虑与其他部门协调合作的评级标准。过去设计业绩奖金的时候，很多企业太过于偏重业绩达标率了，致使许多员工只在乎业绩达标，而从未想到配合其他部门，结果给其他部门造成很大的困扰。更有甚者，有的员工为达目的不择手段，给企业造成一些不必要的损失。只有把业绩奖金与部门间、员工间的配合相结合，才是比较合理的。

第三，考虑回款率。

在业绩奖金设计中要特别注意的，就是回款率。不能只会卖东西，只有与客户的交易货款到账之后，整个交易才算完成。所以，公司在给付员工的业绩奖金的时候，不能只看营业额。如果员工完成了营业额就马上给他提成，把营业额当作提成的唯一标准，这是有风险的，因为所卖货款可能一两个月之后才会打入公司的账户，甚至会有赖账的风险。

所以，部门经理在设计奖金时就要注意：为了减小企业的成本风险，可以先发一半提成，另外一半到账款全部回收之后才能发放。否则如果员工发现客户在赖账，他认为反正业绩已经到手了，奖金也提前拿到了，就可能不会非常积极地帮助公司催款。

本章小结

部门经理在薪酬方面需要知道的不多，但是所期待的是对得起本部门的员工，让他们知道在调薪和发奖金的时候是公平的，这是对部门经理的最高要求；另外还要对得起公司，公司会因为部门经理适当的风险规划，在整个经营风险的承担上降低损失的概率。

在整个薪酬体系的建立中，部门经理除了搜集准确而有说服力的数据并非常及时地提供给人力资源部门外，还必须要掌握内部的公平性，也就是让部门员工知道经理所分配的奖金是公平合理的。另外，凡是涉及调整薪资，一定要让员工知道是以能力和贡献为标准的。这样，部门经理带领员工所走的方向才是正确的。

HAPTER 12

留住或分离员工

- 倾听与沟通
- 传达与协调
- 离职面谈方法

1. 加强沟通管理

在同一个部门工作，部门经理不要以当官的心态面对员工。与人相处，应以诚相待，大家身份平等。在组织的工作氛围里，部门经理的沟通协调工作是非常重要的。

工作中，部门经理扮演的是指导者、教练的角色，要竭尽所能教导员工。

生活中，部门经理扮演的是照护者、协助者的角色，员工如果心中有什么不舒服，或是情绪受到家庭的影响而感到不愉快，部门经理知道后应该协助他解决。

因此，部门经理要加强沟通管理，让员工愿意与你沟通。

沟通是双向的，不是单向的。在开会的过程中只有部门经理一个人在讲话，不断地下“旨意”，员工没有表达意见的机会，这不是沟通。反之，如果经理创造的部门工作氛围是非常融洽的，大家愿意主动沟通，经理与员工之间、员工与员工之间彼此心灵相通，非常坦诚，这才是良好的沟通，并会形成良性循环。

特别是现在，一些“00后”的年轻人陆续进入职场。面对“00后”的年轻人，部门经理一定不能用权威式的命令口吻强制他们做事，而是用规则、成就感来激励他们；做他们的朋友，而不是严肃的长辈！

2. 建立良好的申诉系统

第一，部门经理需要充当员工和公司之间的桥梁。

企业内部经常会有一些不尽如人意的情形，比如员工可能会向部门经理反映他对公司内部的一些看法，如他发现公司的薪酬比外界的水平低，或者他对公司的其他部门在工作上的配合有意见。像这样的问题很重要，但不容易处理，有些已经越出了部门经理的职权范围。在处理这些问题时，部门经理最好能够明确公司内部的申诉系统，或者建议公司领导建立良好的申诉系统。部门经理可以在员工与公司之间充当桥梁的角色，引导员工通过申诉渠道解决问题。

第二，部门经理要善于调节员工间的冲突。

另外，在部门内部产生的同事之间的冲突，部门经理更要审慎处理。先要了解事情的真相，不可一遇到冲突就对他们产生不好的印象。作为经理，在员工之间应该非常客观公正，做一名公平的裁决者。

3. 处理问题员工

先来看处理原则。

任何部门都会有一些不能胜任的员工，在工作上或是管理上存在各种问题。这些人是比较令部门经理头疼的。如果某些员工确实不能胜任工作却继续留在公司，就一定会给公司造成损失。其实，如果从整个公司的角度出发，处理这些事情也就比较容易。

再来看处理办法。

部门经理应该从公司的整体利益出发来决定员工的去留，理性地进行处理。首先要做好沟通工作，给他改过的机会。假如该员工还不能胜任，部门经理就应该拿出事实证据，劝他离开。因为一般人都不会承认自己犯错，需要有强有力的证据让他心服口服。部门经理平常必须注意收集一些记录，等到处理问题的时候就能够拿出真凭实据，也就不致发生纠纷。

另外，对于此种情况，还可以使用“劝导—辅导—惩戒”的方法。首先是劝导期。当员工连续 3 次或 3 个月未能达成公司对岗位的要求时，以部门主管名义给予其一封警告信或一份沟通会议记录，明确告知公司的观点和立场，请他注意，并主动自我改善！

其次是辅导期。当劝导期期满之后，如果员工仍然未能达成公司对岗位的要求，就由公司的人力资源部门，依照“绩效提升辅导计划”，由部门经理与该员工共同进行绩效辅导计划表的沟通。沟通时间一般是 3 个月，每两周做一次评估，约有 6 次记录。

最后是惩戒期。辅导期期满之后，如果员工仍不能达成公司对岗位的要求，就由公司决策，依照国家劳动法令可以解除合同或调整工作岗位。

近一段时间以来，末位淘汰制越来越时髦，似乎不采用末位淘汰制的管理就不是高水平的管理。因此，就出现了诸如某名牌高校对学生进行末位淘汰、某电视台栏目末位淘汰、某企业以10%～20%的比例进行末位淘汰等随处可见的报道。那么，作为一名企业管理者，你对此有何看法？

答案

事实上，末位淘汰制并非适用于一切企业的竞争活动。虽然所有的竞争最后都会有优劣高下之分，但并非一定要有人被淘汰出局。企业内部的竞争以提高竞争者的总体水平为最终目的，它不同于体育比赛是以决出胜负为目的。

况且在行使末位淘汰制的过程中，部门经理也有相当大的压力。因为要末位淘汰，就无法给表现稍微落后的员工以改过或学习成长的机会。实行末位淘汰应该加上辅导制度，或者改行合格标准线制度，因为每个人都应该有提高发展及回到公司标准的机会。据统计，大概有一半的员工都还能迎头赶上，不被淘汰。

传达与协调

传达与协调工作也是部门经理必须做的。前面讲过，像麦当劳的店长（经理），我们是把他看作总经理的，因为他已经被授权负责整个分店的经营管理。同样，非人力资源经理在部门内也应该以总经理的眼光来看待。部门经理是公司领导人在部门的全权代表，代表公司的经营者、最高领导人在部门内行使指挥、监督的权力。

1. 传达公司政策

既然公司领导授权给部门经理，部门经理就应该承担起传达公司所有相关政策的责任。部门经理在传达公司政策时必须做到以下几点。

第一，明白、明确地传达信息。最好用书面形式，这比口述要清楚明白得多。

第二，把信息传递给所有应该知道的对象。传达至部门内的每一个角落，让部门内的每个员工都能够了解。

2. 部门经理的协调任务

第一，充当公司政策的说明者。

公司一般会有个公告栏，把传达的信息贴在公告栏上。如果是一个比较重要的政策，就需要给员工解释说明，仅仅贴在公告栏是不够的。例如可以召开倡导会或说明会，让大部分员工非常清楚地理解公司的重要政策。由于员工的受教育水平参差不齐，有时难免对公告的内容产生误解，因此部门经理对重要政策必须加以解释说明，这时他就成了公司政策的说明者。

第二，充当公司政策的拥护者。

公司政策是经过通盘考虑做出来的，部门经理要支持拥护，这是责无旁贷的。当然，支持这一政策并不等于不接受员工的意见，要及时把意见提交给公司进行论证修改，只是在没有改变之前，还是要扮演拥护者的角色。

第三，成为公司政策的沟通者。

如果公司政策确实有一些不太合理，确实有必要加以修改，使之更完善，这时部门经理当然有责任或义务把相关的意见提出来，让自己部门得到相关的讯息。

说明者、拥护者、沟通者这三个方面是部门经理在传达企业政策或协调与员工关系中扮演好桥梁角色的重点。在所有的部门中，经理都扮演着非常重要的桥梁角色，虽然他本身也是员工，但他经过公司的授权，有权指挥、监督和管理，本身是双重身份。所以，部门经理必须明白在什么情况下扮演什么角色，只有准确把握自己的角色，才会做得更好。

离职面谈方法

部门永远没有人离职是不可能的。因为有时候并不是部门经理的原因，而是整个大环境或员工个人的原因造成的。所以，部门经理在员工辞职方面不要有太大压力，需要在处理员工离职的时候扮演好自己的角色。

1. 员工辞职的情况

第一，如何对待辞职者。

不一定非要留住他不可，因为任何人提出辞职，我们可以先假设他都是经过深思熟虑了的。所以，部门经理不要轻易退还他的离职书，要确实告知对方要认真考虑，既为员工负责也为公司负责。如果他确实坚持，就不要强人所难。

第二，请辞职者提出改进意见。

另外，可以跟他谈一下现在的工作环境是不是有可以改善的地方，这是辞职者临走之前发表意见的好时机。例如他觉得公司在员工培训方面没有给员工一个明确的目标，所以希望将来公司能够有所改进，这是值得公司考虑的。把这些意见记录下来，对公司是有帮助的。

第三，保持良好的心态。

面谈所有的建议包括员工对组织的一些看法都是以爱护的心态来谈的，不是以一种仇恨的心态来谩骂诋毁。面谈的过程中情绪要尽量平和、稳定。一般来讲，离职面谈最好不要在公司内部进行，环境太敏感，可以在外面的咖啡馆之类的休闲娱乐场所进行，这样才不会有太大的压力。

2. 员工被辞退的情况

如果是公司要辞退员工，这样的离职面谈挑战性更大。

第一，要弄清楚任务，避免冲突。

部门经理首先得弄清楚，自己的任务是要辞退这名员工，面谈时就不要涉及太多细节，越讲细节就越说不清楚，一定要简单冷静地传达公司对这件事的决定和理由。决定是必须照办的，理由的争议可能就比较大，因为大多数人往往认为自己绝对比别人好。在这种情况下，部门经理最好只倾听，不要去争辩，否则很容易造成冲突。

第二，要学会做“顺水人情”。

部门经理可以做一个“顺水人情”。就算要辞退员工，也可以跟他委婉地谈三件事（分别见图 12-1、图 12-2 和图 12-3）。

图 12-1 “顺水人情”之一

不要让他怀着埋怨与仇恨离开公司，表达一定要非常温和。

图 12-2 “顺水人情”之二

这是私人情谊，他听了当然会非常感激。

图 12-3 “顺水人情”之三

这是礼貌的祝愿。在分离的时刻说出，谁都会感动的。

当然，为避免员工情绪过于激动，最好不要在公司内部做这些事情，可以到外面休闲地点喝咖啡谈。同时，面谈结束后也要把必要的内容记录并留存起来。在员工离职的作业中，所有的相关材料不管是在法律上或者管理上，一定要有非常完整的记录保存（具体离职谈话记录表如表 12-1 所示），以免以后产生纠纷。

表 12-1　离职谈话记录表

姓　　名		部门/职务	
入职时间		计划离职日期	
主要原因： 你从事的工作是否是最适合你的？ 如果不是，请说出理由： 你对你的工作环境有何意见和建议？ 你认为目前公司存在哪些问题？ 最大的问题是什么？ 你有什么好的建议吗？ 是否存在公司可以改变的事情，使你改变离职决定？ 记录人：			

人才是非常难得的，因为其能力比普通人员相对要强，所以当市场的供给与需求不平衡的时候，人才就很容易流动。也就是说，很多人才会被猎头公司挖走，给公司造成损失。在现

有条件下，如何做才能留住人才，避免人才流失呢？

答案

留住人才牵涉到公司的政策问题，包括薪酬政策、福利政策、培训政策等。这些政策的不合理就会使一个有理想、有抱负的人受限于现有的环境而无法发挥，势必要离开。所以，要留住人才，首先要在这些政策上检查有没有改善的空间，就是要对公司实施有关政策的现状加以分析。

留住人才，就要创造出能够使人才得到发展的环境。环境的设计包括很多，除了薪酬之外，还有指导者的好坏、升迁机会的有无等。

如果现在筹码有限，资源短缺，就要把好钢用在刀刃上。所以，即使薪酬无法普遍调整，也要尽可能地把有限的资源用到需要留住的关键人才、核心人力上，这样才有可能把人才留下来，其中最关键的是让他看到美好的前程，给他广阔的发展空间。

本章小结

本章主要介绍的是部门经理在员工与公司之间充当的角色问题。简单地讲，部门经理在二者间起到了桥梁作用，同时也是个双向代表的角色。

部门经理被任命后，首先是代表公司来管理一个部门，所以他必须能够清楚明白地把公司的所有相关决定和政策传达下去；但他同时也是员工，不管是部门员工还是他本人，如果发现问题或有意见也要代表部门向公司反映。要做到这些，没有一定的沟通技巧是行不通的。

现在，员工离职是经常发生的事，部门经理处理不好常常会发生冲突。其实，这也是个角色问题。部门经理处理时首先要明白自己的角色是代表公司的，而且要清楚自己的任务，注意自己的心态和交谈方式。此外，交谈的地点一定要选在公司外部，交谈过后还要注意做好记录保存下来。

APPENDIX附　录

工具表单

表 2-1 明确自己的作业流程及角色

业务	流程	时限	你的角色	与人力资源部门的关系	与其他部门的关系

使用说明

目的：明确与自己相关的公司作业流程，并确定自己在流程中的角色定位以及与其他部门（特别是人力资源部门）的关系。

填写：业务栏填写业务名称，如“绩效评核”和“招聘员工”。在本表中“流程”“你的角色”和“与人力资源部门的关系”三栏是重点，要尽可能详细地进行填写。

表 3-1　部门员工情况表

<table>
<tr><td rowspan="5">基本数据</td><td>姓名</td><td></td><td>性别</td><td></td><td>民族</td><td></td><td>籍贯</td><td></td></tr>
<tr><td>毕业院校</td><td></td><td>学历</td><td></td><td>专业</td><td></td><td>语言</td><td></td></tr>
<tr><td>信仰</td><td></td><td>政治面貌</td><td></td><td>住址</td><td></td><td>邮编</td><td></td></tr>
<tr><td>住宅电话</td><td></td><td>手机</td><td></td><td>E-mail</td><td></td><td>入职时间</td><td></td></tr>
<tr><td>工作经历</td><td colspan="7"></td></tr>
<tr><td rowspan="8">日常交往</td><td>姓名</td><td colspan="7">与本人交往关系</td></tr>
<tr><td></td><td colspan="7"></td></tr>
<tr><td></td><td colspan="7"></td></tr>
<tr><td></td><td colspan="7"></td></tr>
<tr><td></td><td colspan="7"></td></tr>
<tr><td></td><td colspan="7"></td></tr>
<tr><td></td><td colspan="7"></td></tr>
<tr><td></td><td colspan="7"></td></tr>
<tr><td rowspan="2">个性喜好</td><td colspan="8">个性描述：</td></tr>
<tr><td colspan="8">爱好描述：</td></tr>
</table>

使用说明

目的：掌握员工个人情况，切实了解员工，以便开展人事管理工作。

填写：本表可以打印多份，为每一个员工都建立一个小档案。员工的个人情况可以从人事部门获得一些，更主要的是从与该员工有交往的人那里或者与员工直接交流获得。本表仅供参考，可根据具体情况进行修改。

表 4-1　某营销部门工作情况表

已做事项	未做事项
●建立营销奖励制度 ●建立营销管理作业流程	●营销账款诚信调查作业

表 4-2　未来人力需求预测表

人力资源现状	能力	人　数
	高	
	中	
	低	
部门工作情况	已做事项	
	未做事项	
至______年______月需求预测	能力	人　数
	高	
	中	
	低	

使用说明

目的：分析本部门的人力资源配备情况，并对未来人力的需求做出预测。

填写：预测过程可分为三大步：首先，分析人力资源现状，根据能力高低对部门员工分出等级；其次，对本部门的工作进行分析；最后，将两者结合，对各种能力员工的需求进行预测。

表 4-3　部门人力计划表

<table>
<tr><td rowspan="3">步骤一：企业发展方向及营运方针</td><td>计划规模</td><td colspan="4">__________人</td></tr>
<tr><td>现有规模</td><td colspan="4">__________人</td></tr>
<tr><td>本年度目标</td><td colspan="4">__________人</td></tr>
<tr><td rowspan="5">步骤二：企业人力资源管理政策说明</td><td>工种</td><td colspan="4">学历或能力要求</td></tr>
<tr><td></td><td colspan="4"></td></tr>
<tr><td></td><td colspan="4"></td></tr>
<tr><td></td><td colspan="4"></td></tr>
<tr><td></td><td colspan="4"></td></tr>
<tr><td rowspan="5">步骤三：内外部人力市场分析</td><td>工种</td><td colspan="2">内部已有人数</td><td colspan="2">外部需求人数</td></tr>
<tr><td></td><td colspan="2"></td><td colspan="2"></td></tr>
<tr><td></td><td colspan="2"></td><td colspan="2"></td></tr>
<tr><td></td><td colspan="2"></td><td colspan="2"></td></tr>
<tr><td></td><td colspan="2"></td><td colspan="2"></td></tr>
<tr><td rowspan="5">步骤四：拟订当年度人力计划</td><td>季度工种</td><td></td><td></td><td></td><td></td></tr>
<tr><td></td><td></td><td></td><td></td><td></td></tr>
<tr><td></td><td></td><td></td><td></td><td></td></tr>
<tr><td></td><td></td><td></td><td></td><td></td></tr>
<tr><td></td><td></td><td></td><td></td><td></td></tr>
</table>

使用说明

目的：制订部门人力计划。

填写：本表为方便部门经理制订本部门的人力计划而设计，对于一般企业尤其是较小规模的公司也适用。步骤是按季度设计的，可视情况改为单月或双月。

表 6-1　招聘人员标准表

职务名称			
性别		年龄	
学历		专业背景	
工作经验		能力要求	
知识要求		特殊要求	

使用说明

目的：帮助本部门制定要招聘的人员的规格标准，并将此标准提交人力资源部门，以招聘到符合需求的员工。

填写：按照本部门的实际需求详细填写。

表 7-1　面试记录表

应聘职务		姓名	
面试目的		时间	
专业能力		知识面	
应变能力		思维能力	
亲和力(团队精神)		对公司的了解程度	
适合度		名次	

使用说明

目的：做好面试记录，以招聘到符合要求的员工。

填写：结合面试的问题和应聘者简历，依据面试的实际情况详细填写。

表 9-1 在职培训的一般步骤

步骤	内容
受训者学习工作的准备	· 使受训者放松 · 了解受训者对工作的认知程度 · 使受训者对工作产生兴趣并渴望学习
确认工作划分	· 确定组成整个工作的各个部分 · 确定要点或诀窍
作业及知识的演示	· 以告知、展示、举例说明及询问的方式解释新知识与作业 · 缓慢、清楚、完整及耐心地教导 · 核对、询问及重做 · 确认受训者已了解
执行测试	· 以实际执行工作来测试受训者 · 以why、how、when、where、what等问题询问受训者 · 直到受训者能胜任工作为止
追踪	· 让受训者独自工作 · 经常检查以确定受训者遵循教导

使用说明

目的：帮助部门经理设计员工在职培训。

填写：本表的“内容”一栏仅具提示作用，在填写时可根据情况有所增删，必要时可加附件。

表 9-2　营销人员工作记录卡

____年___月___日

营销人员姓名		客户姓名	
洽谈内容			
客户需求或需要			
我方反馈			
经理意见	（签字） 年　月　日		

使用说明

目的： 帮助营销经理及员工积累经验、提高能力，并积累在职培训的素材。

填写： 本卡须打印多份，营销人员每次与客户洽谈之后当日填写并交给部门经理。部门经理将处理意见填写后告知营销人员，然后将积累的卡片分类整理，收入在职培训素材库中。

表 10-1 员工项目考核表

编号： 任职人： 年 月 日

考核项目	考核要素	考核内容	标准分	加、扣分		
				自评	考核小组	考核得分
职业道德（20分）	忠于职守	热爱本岗位工作	4			
	工作素质	热爱集体，尊重领导，配合支持工作	4			
	团结精神	关心他人，团结协作	4			
	业务学习	钻研业务，勤奋好学，要求上进	4			
	服务态度	对内、外客户服务周到、热情	4			
工作态度（20分）	遵守制度	遵守公司规章制度	4			
	出勤情况	全勤	4			
	工作积极性	对高标准做好职务范围内的工作的热情	4			
	工作责任心	完成本职工作的持续性和责任心	4			
	工作协调性	与同事、上司合作的情况	4			
工作成果（42分）	完成任务	是否完成计划任务	10			
	成本意识	努力减少时间和物质损失	8			
	创新能力	提出改进工作的建议	10			
	特殊成果	给公司在某方面解决重大问题	10			
	培养人才	参加培训或对他人进行培训	4			

（续表）

<table>
<tr><th rowspan="2">考核项目</th><th rowspan="2">考核要素</th><th rowspan="2">考核内容</th><th rowspan="2">标准分</th><th colspan="3">加、扣分</th></tr>
<tr><th>自评</th><th>考核小组</th><th>考核得分</th></tr>
<tr><td rowspan="6">其他管理（18分）</td><td>能源管理</td><td>节约能源(水、电等)</td><td>3</td><td></td><td></td><td></td></tr>
<tr><td>设备管理</td><td>爱护设备，保养较好</td><td>3</td><td></td><td></td><td></td></tr>
<tr><td>财务管理</td><td>节约开支，遵守财务制度</td><td>3</td><td></td><td></td><td></td></tr>
<tr><td>物资管理</td><td>按计划领用物资，不浪费</td><td>3</td><td></td><td></td><td></td></tr>
<tr><td>安全防火</td><td>安全防火意识强，无意外发生</td><td>3</td><td></td><td></td><td></td></tr>
<tr><td>卫生保持</td><td>个人卫生保持情况</td><td>3</td><td></td><td></td><td></td></tr>
<tr><td>总计</td><td></td><td></td><td>100</td><td></td><td></td><td></td></tr>
</table>

使用说明

目的：对员工进行分项绩效考核。

填写：本表是对员工的综合评价，考核应尽量做到公正合理。本表仅是一个样本，实际操作中可以根据需要对其中的某些内容加以修改。

表 11-1　薪资调查建议表

<table>
<tr><th>专案</th><th colspan="2">职务</th><th>薪资范围</th><th>员工流动情况</th></tr>
<tr><td rowspan="5">本部门情况</td><td colspan="2"></td><td></td><td></td></tr>
<tr><td colspan="2"></td><td></td><td></td></tr>
<tr><td colspan="2"></td><td></td><td></td></tr>
<tr><td colspan="2"></td><td></td><td></td></tr>
<tr><td colspan="2">平均：</td><td></td><td></td></tr>
<tr><td rowspan="6">市场行情</td><td rowspan="2">上等</td><td>一般情况</td><td></td><td></td></tr>
<tr><td>代表企业</td><td></td><td></td></tr>
<tr><td rowspan="2">中等</td><td>一般情况</td><td></td><td></td></tr>
<tr><td>代表企业</td><td></td><td></td></tr>
<tr><td rowspan="2">低等</td><td>一般情况</td><td></td><td></td></tr>
<tr><td>代表企业</td><td></td><td></td></tr>
<tr><td>薪资建议</td><td colspan="4"></td></tr>
</table>

使用说明

目的：为企业建立公平的薪酬体系提出建议。

填写：对市场和企业内部展开调查，并向人力资源部门或公司领导提出建议。填写内容一定要准确。

表 12-1　离职谈话记录表

<table>
<tr><td>姓　　名</td><td></td><td>部门/职务</td><td></td></tr>
<tr><td>入职时间</td><td></td><td>计划离职日期</td><td></td></tr>
<tr><td colspan="4">主要原因：
你从事的工作是否是最适合你的？

如果不是，请说出理由：

你对你的工作环境有何意见和建议？

你认为目前公司存在哪些问题？

最大的问题是什么？

你有什么好的建议吗？

是否存在公司可以改变的事情，使你改变离职决定？

记录人：</td></tr>
</table>

使用说明

目的：记录并保存与员工离职相关的资料。

填写：可以请离职员工本人填写，也可以由部门经理根据这些问题与员工面谈结束后填写，视具体情况而定。